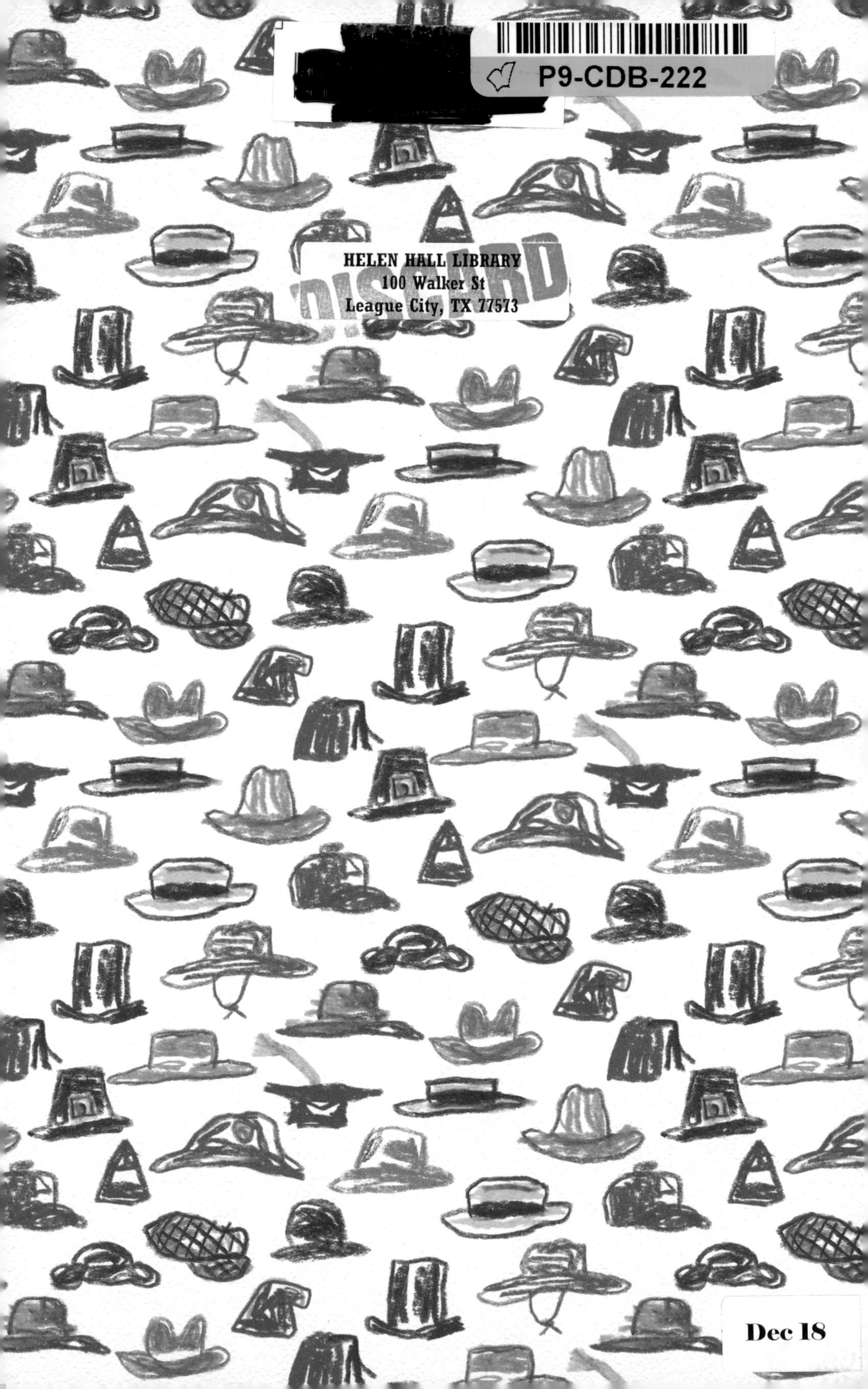

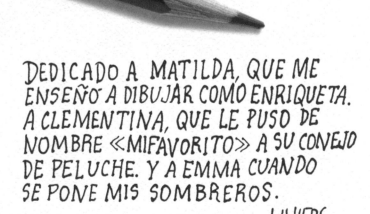

DEDICADO A MATILDA, QUE ME
ENSEÑÓ A DIBUJAR COMO ENRIQUETA.
A CLEMENTINA, QUE LE PUSO DE
NOMBRE «MIFAVORITO» A SU CONEJO
DE PELUCHE. Y A EMMA CUANDO
SE PONE MIS SOMBREROS.

LINIERS—

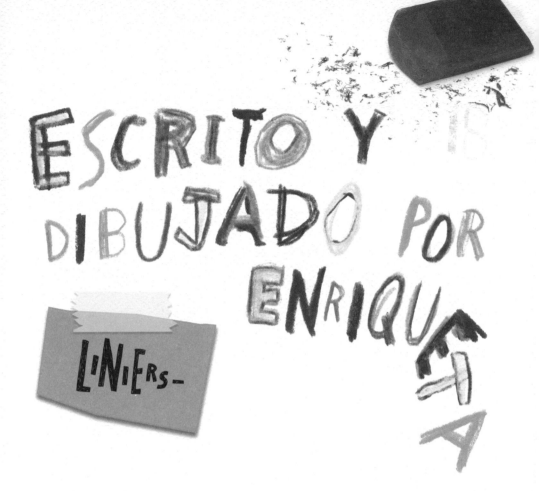

ESCRITO Y DIBUJADO POR ENRIQUETA

LINIERS-

EDITORIAL ANAGRAMA
BARCELONA

¡MIRÁ LO QUE ME REGALÓ MADRE!
UNA CAJA DE LÁPICES DE COLORES ES LO MÁS CERCA QUE LLEGÁS DE TENER UN PEDAZO DE ARCO IRIS.

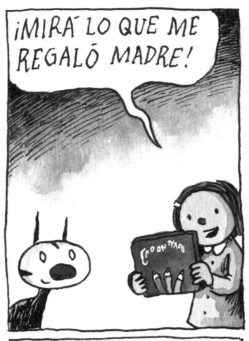

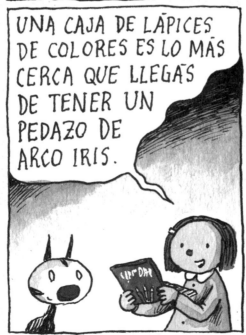

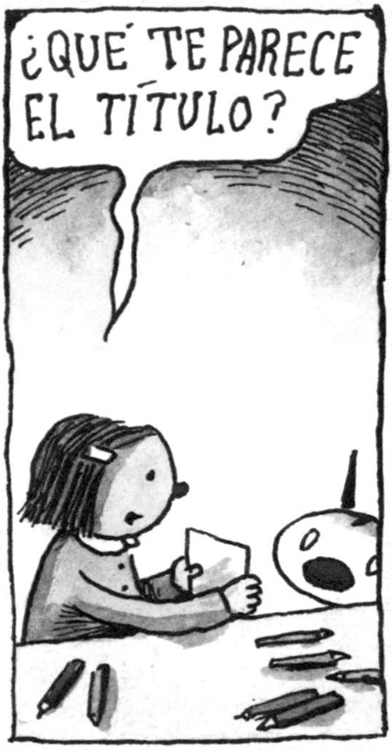
¿QUÉ TE PARECE EL TÍTULO?

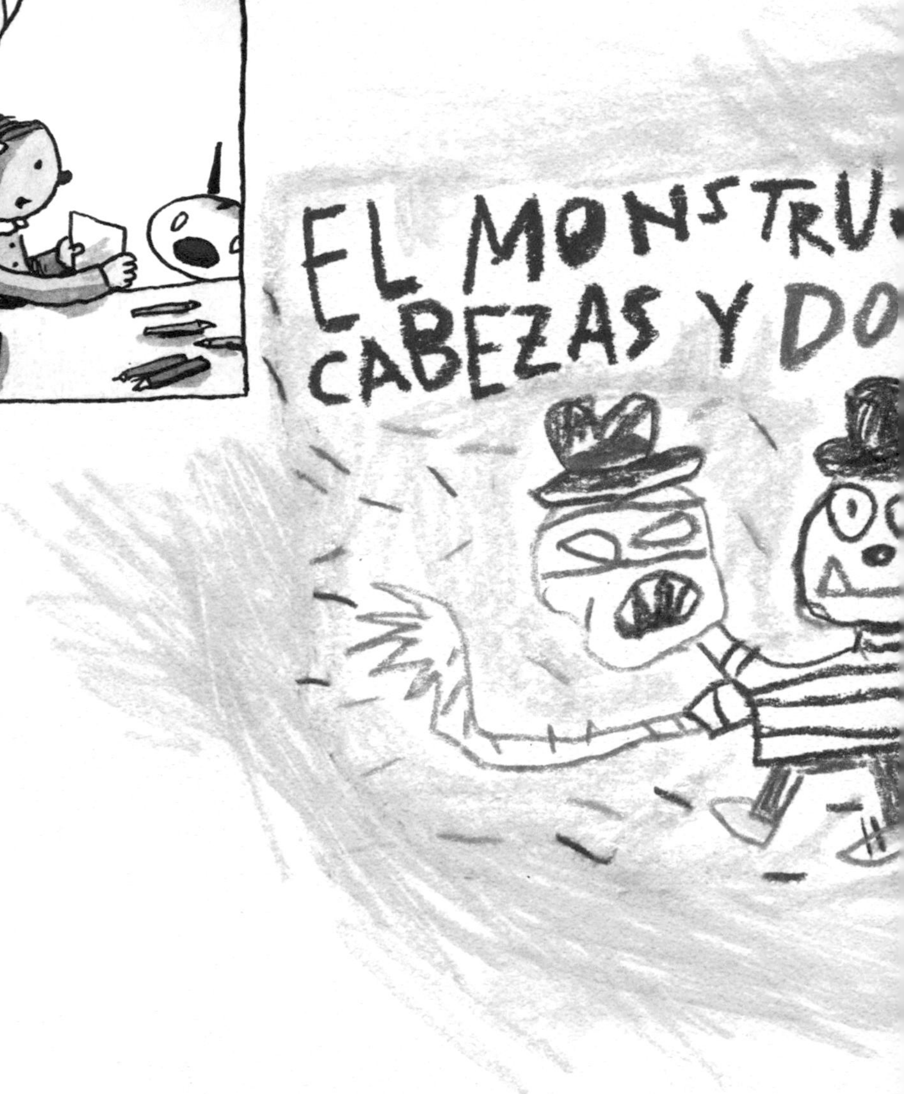
EL MONSTRU
CABEZAS Y DO

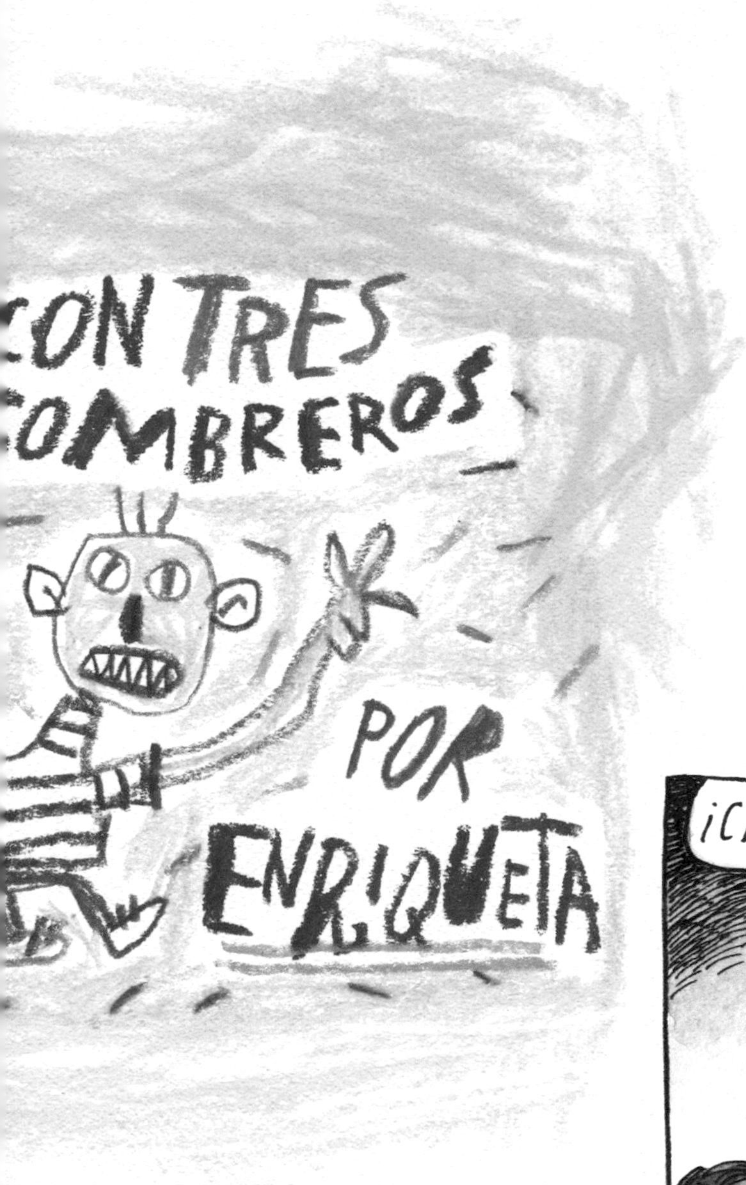
CON TRES
OMBREROS
POR
ENRIQUETA

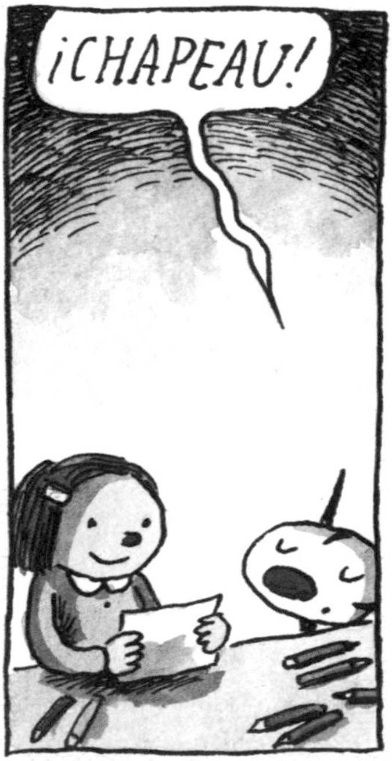
¡CHAPEAU!

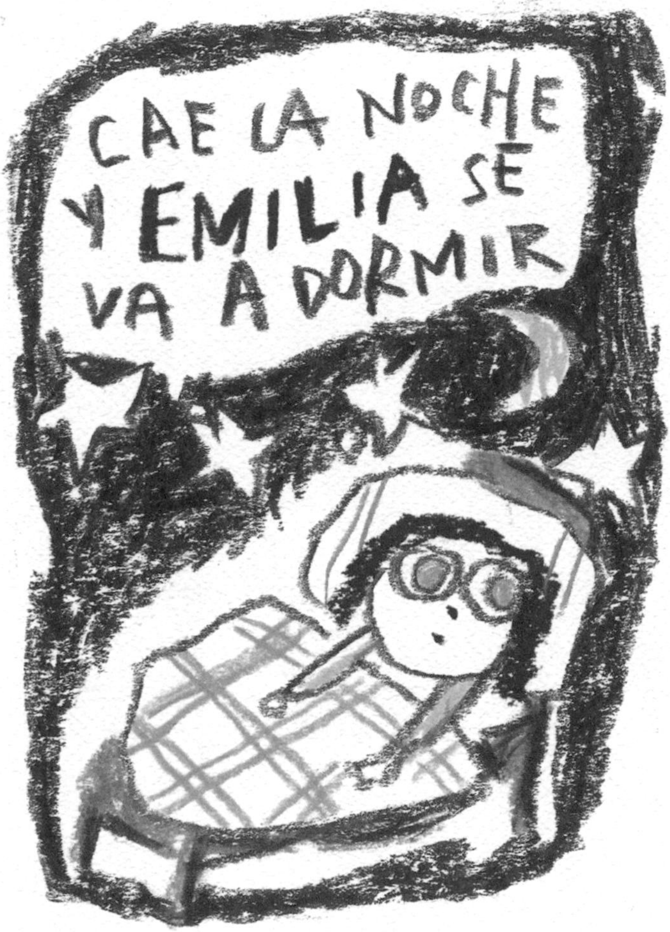
CAE LA NOCHE
Y EMILIA SE
VA A DORMIR

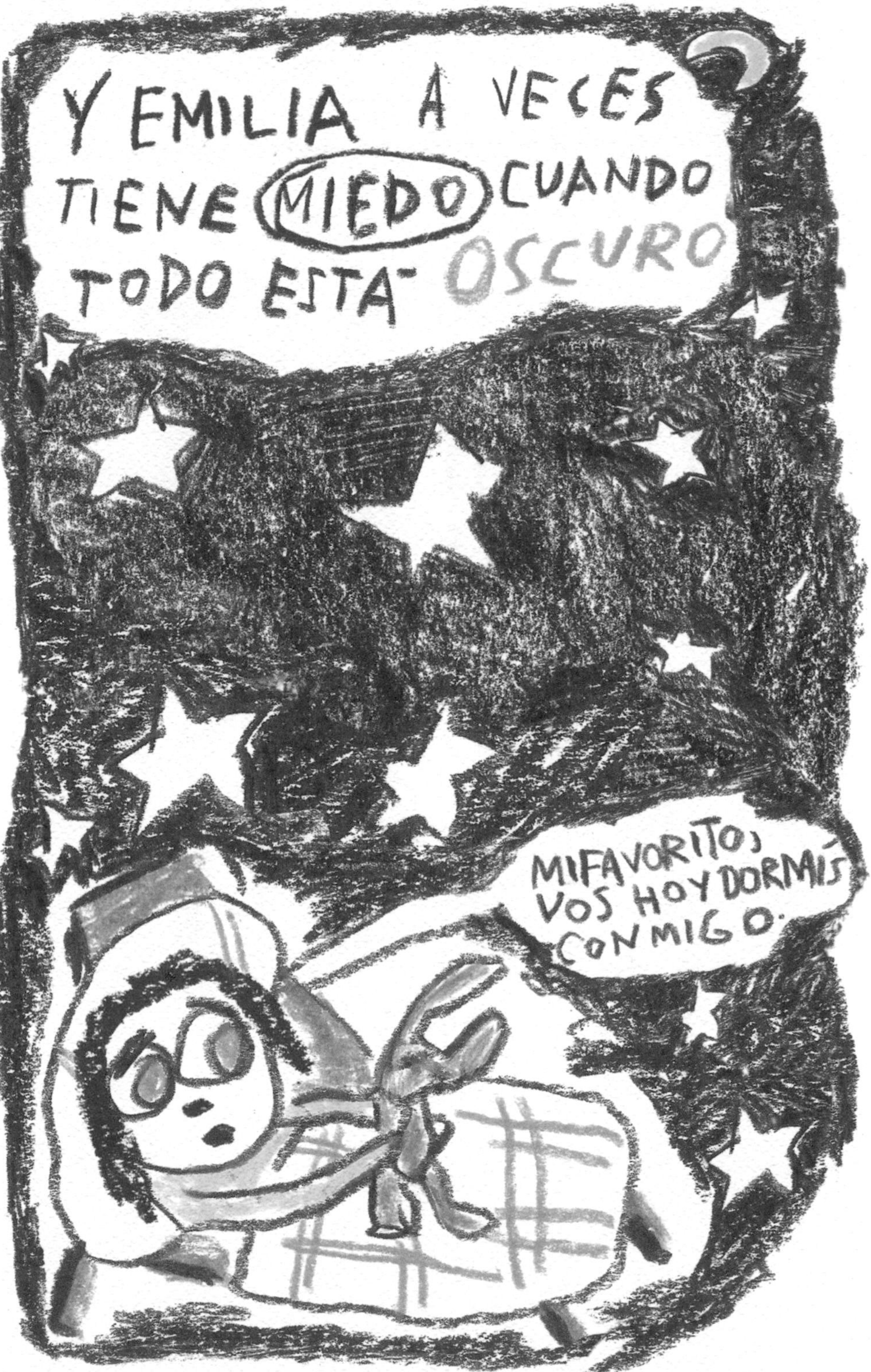
Y EMILIA A VECES TIENE MIEDO CUANDO TODO ESTÁ OSCURO
MI FAVORITO, VOS HOY DORMÍS CONMIGO.

ME ESTOY ASUSTANDO A MÍ MISMA.

CRIC

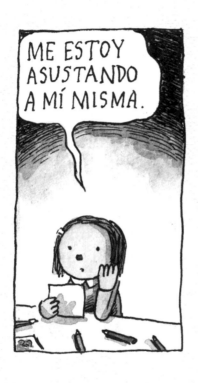

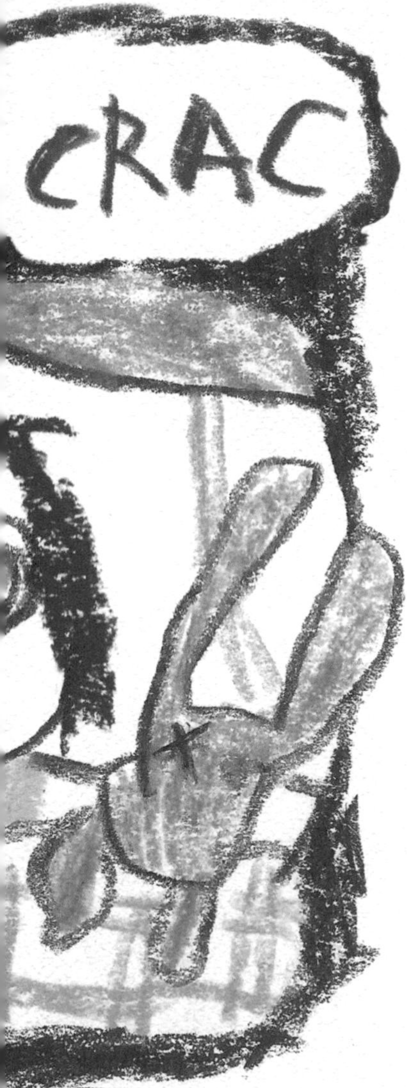
CRAC

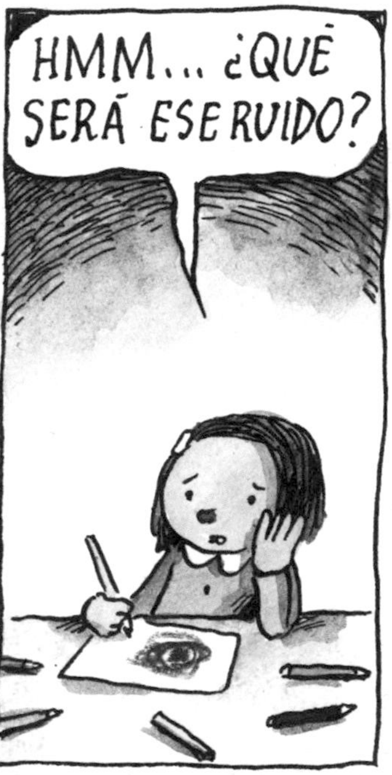
HMM... ¿QUÉ SERÁ ESE RUIDO?

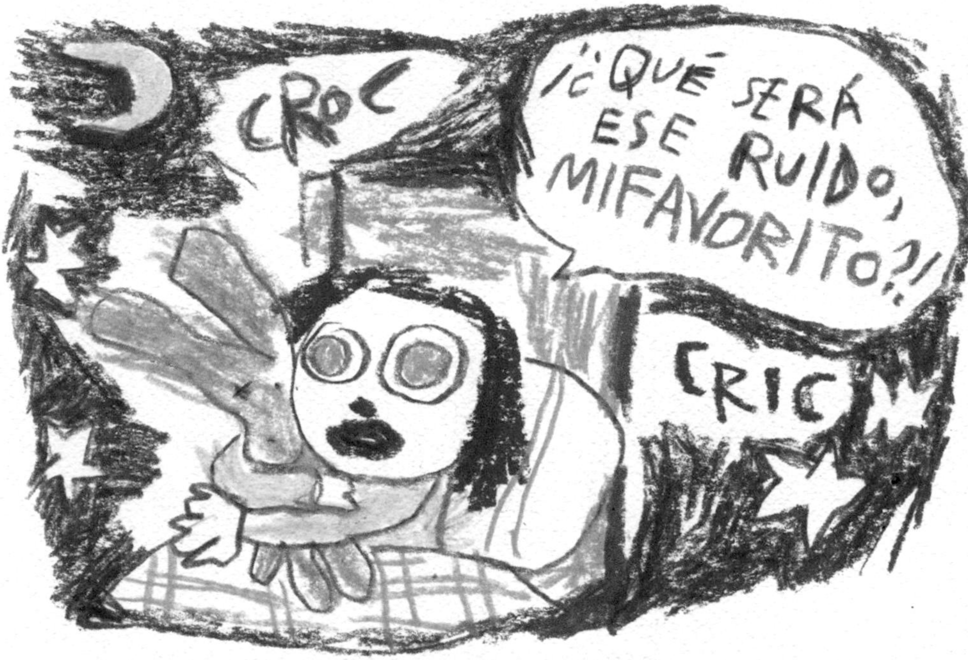
CROC
¡¿QUÉ SERÁ ESE RUIDO, MIFAVORITO?!
CRIC

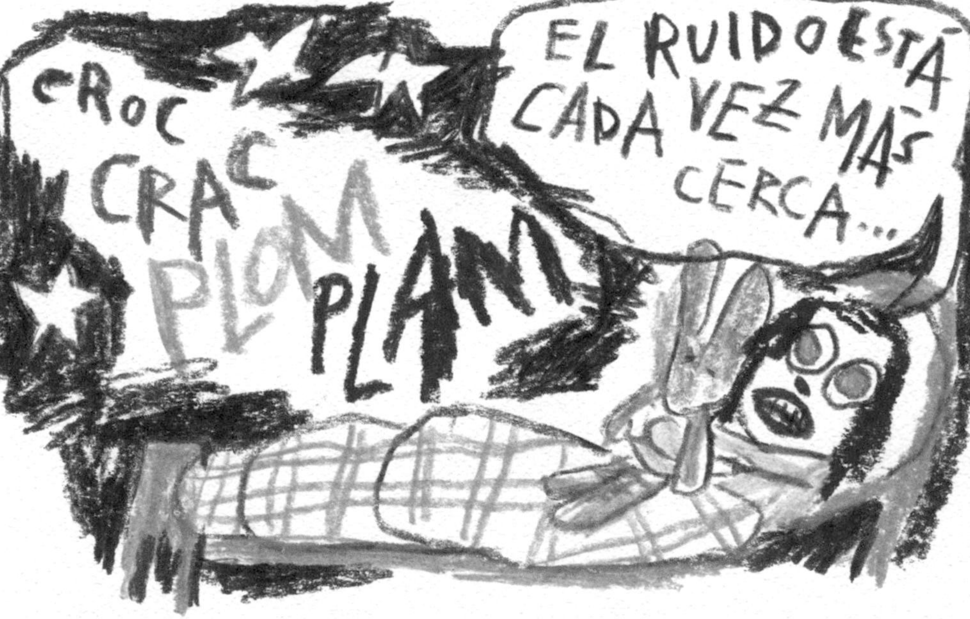
CROC
CRAC
PLOM
PLAM
EL RUIDO ESTÁ CADA VEZ MÁS CERCA...

ENRIQUET...
HHHHH
¿QUÉ QUERÉS, FELLINI?
NO... NADA. DEJÁ.

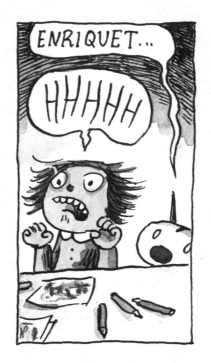

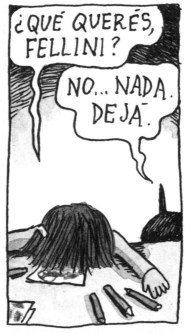

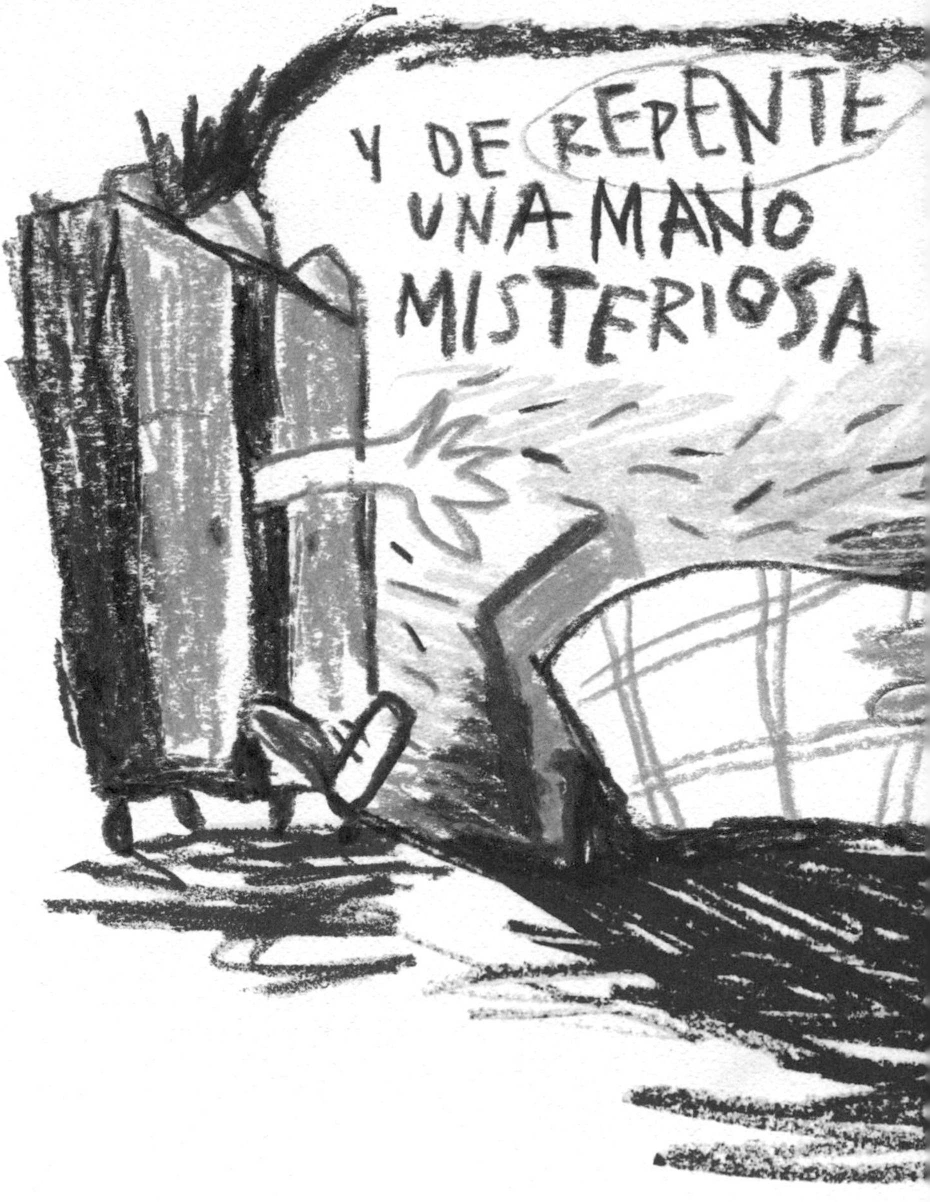
Y DE REPENTE
UNA MANO
MISTERIOSA

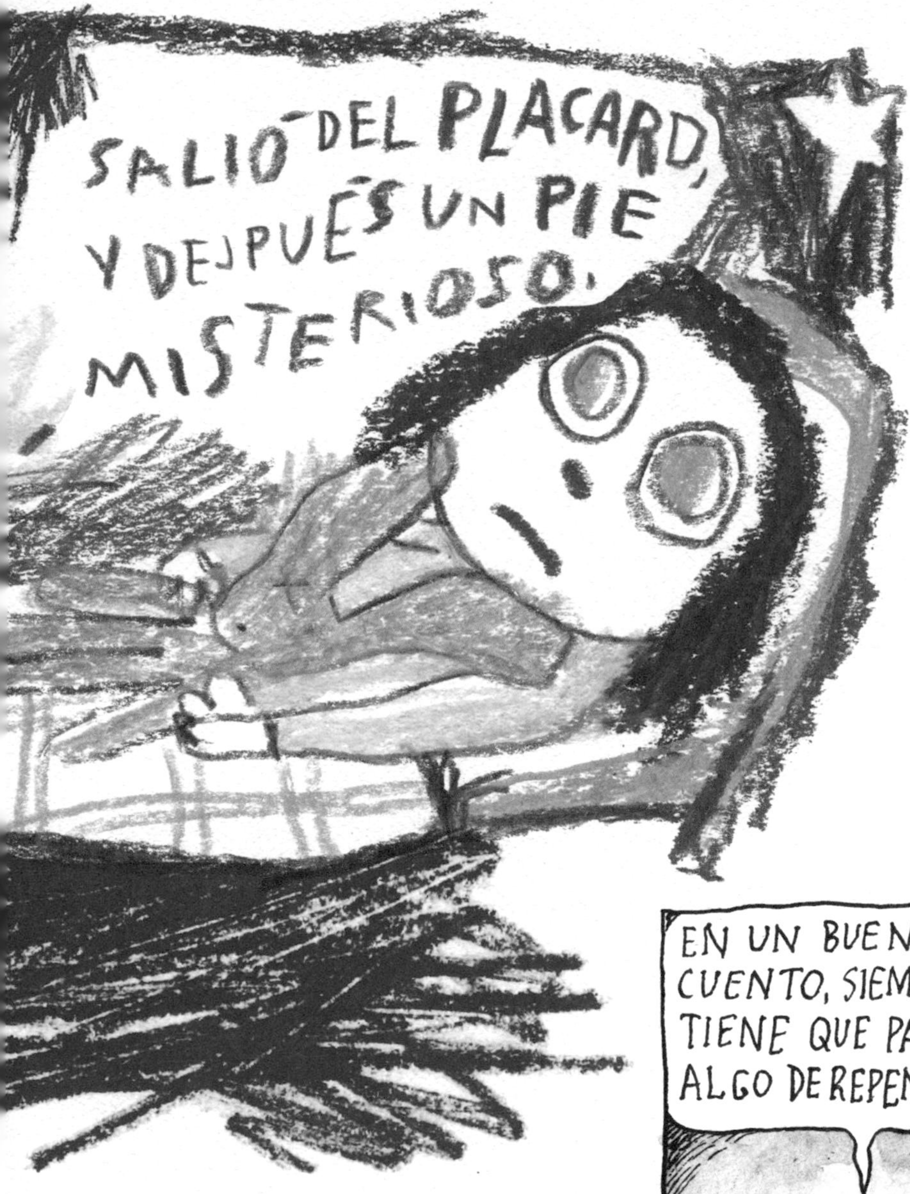
SALIÓ DEL PLACARD,
Y DESPUÉS UN PIE
MISTERIOSO.

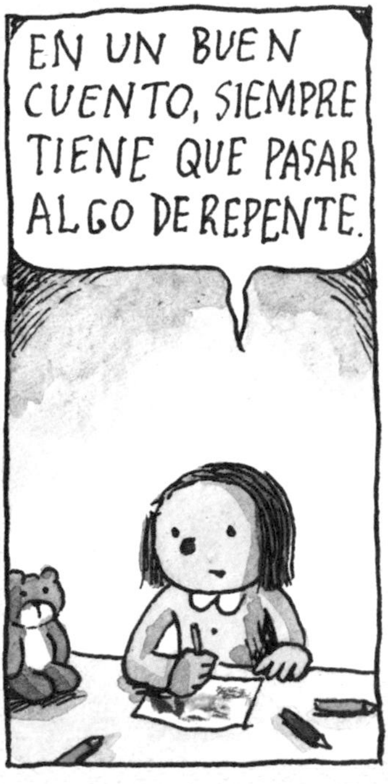
EN UN BUEN CUENTO, SIEMPRE TIENE QUE PASAR ALGO DE REPENTE.

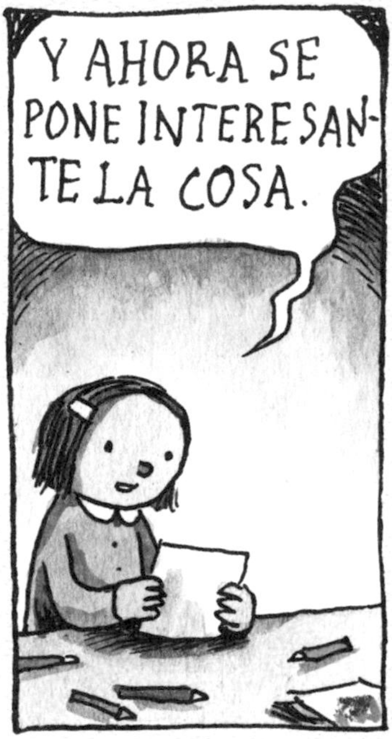
Y AHORA SE PONE INTERESANTE LA COSA.

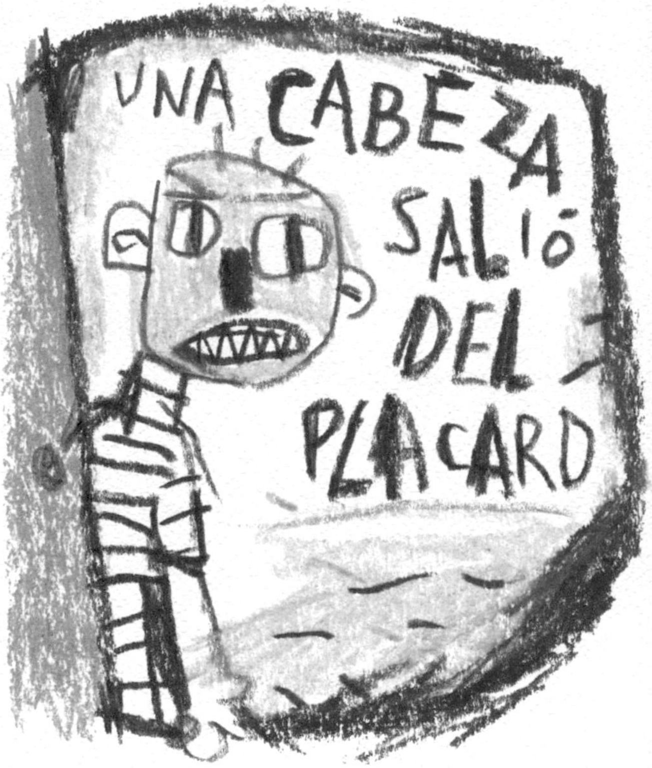
UNA CABEZA SALIÓ DEL PLACARD

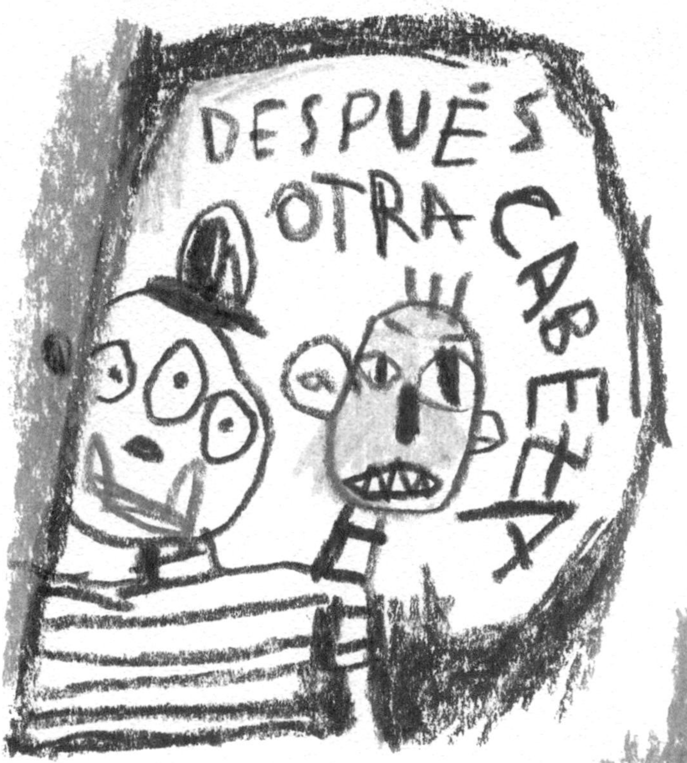
DESPUÉS OTRA CABEZA

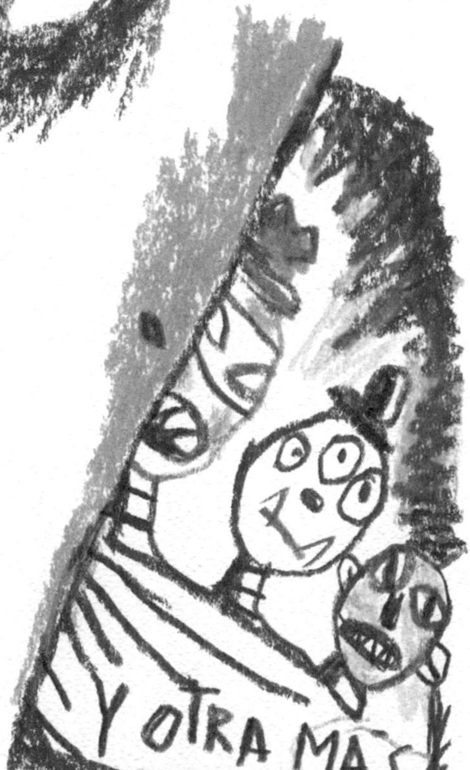
Y OTRA MÁS

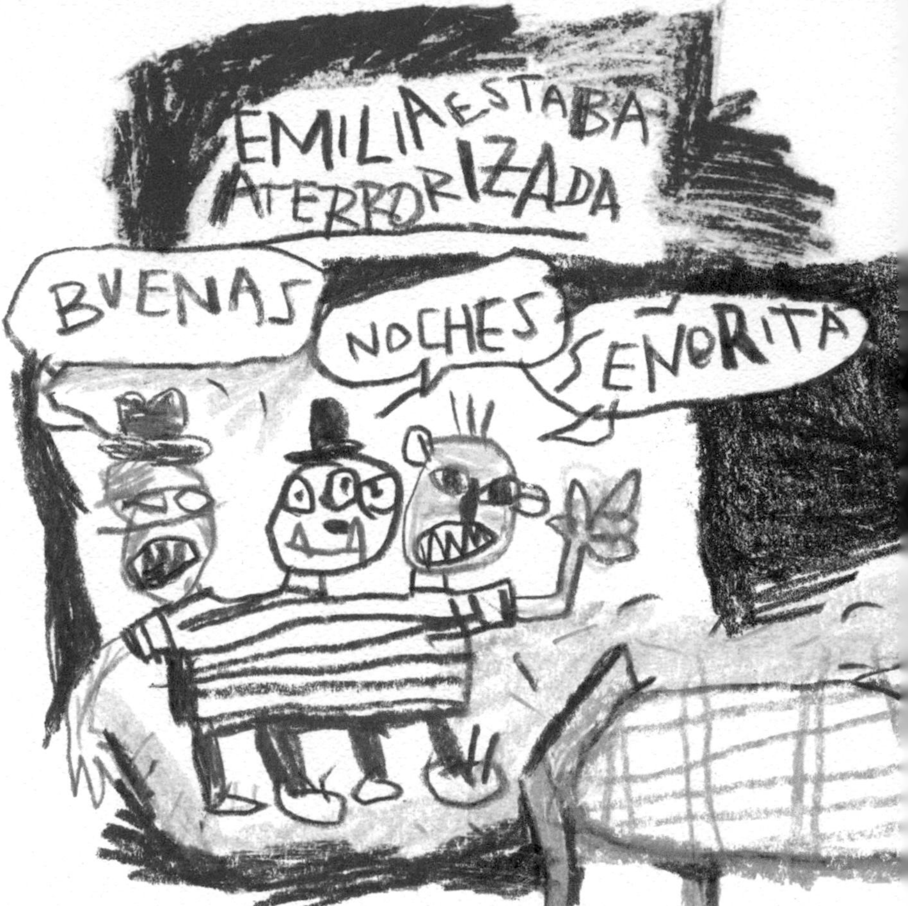
EMILIA ESTABA ATERRORIZADA
BUENAS
NOCHES
SEÑORITA

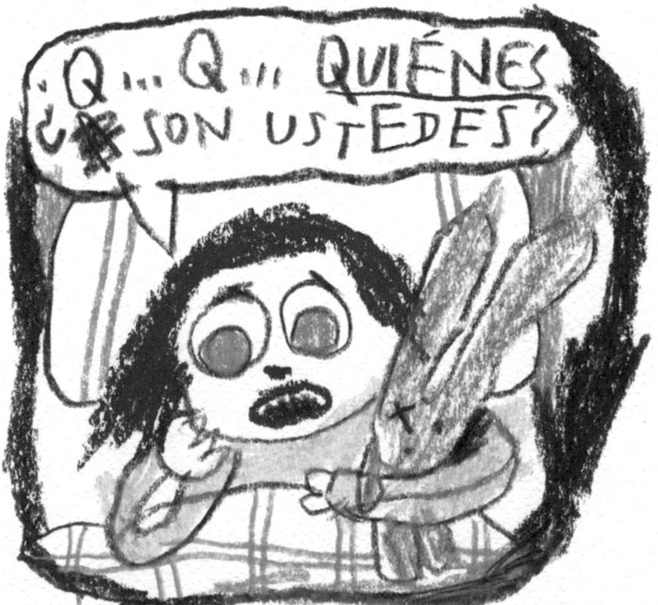
Q... Q... QUIÉNES
¿SON USTEDES?

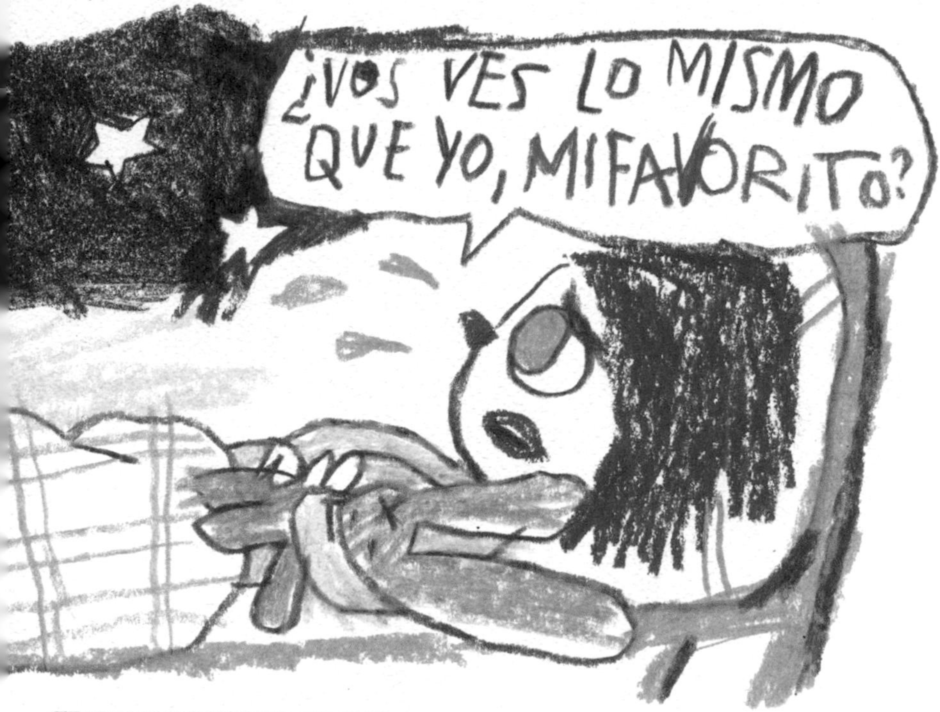
¿VOS VES LO MISMO QUE YO, MI FAVORITO?

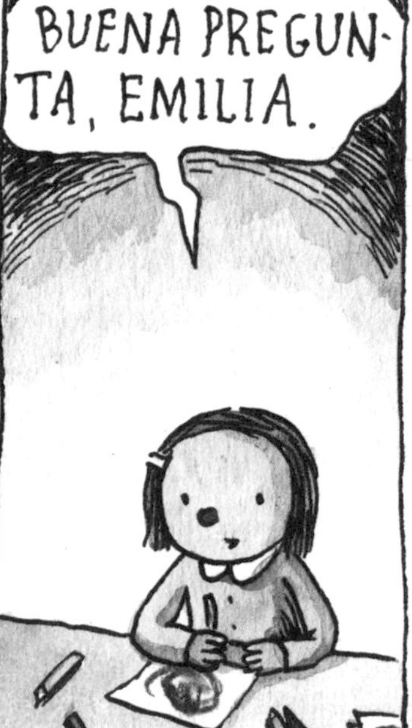
BUENA PREGUNTA, EMILIA.

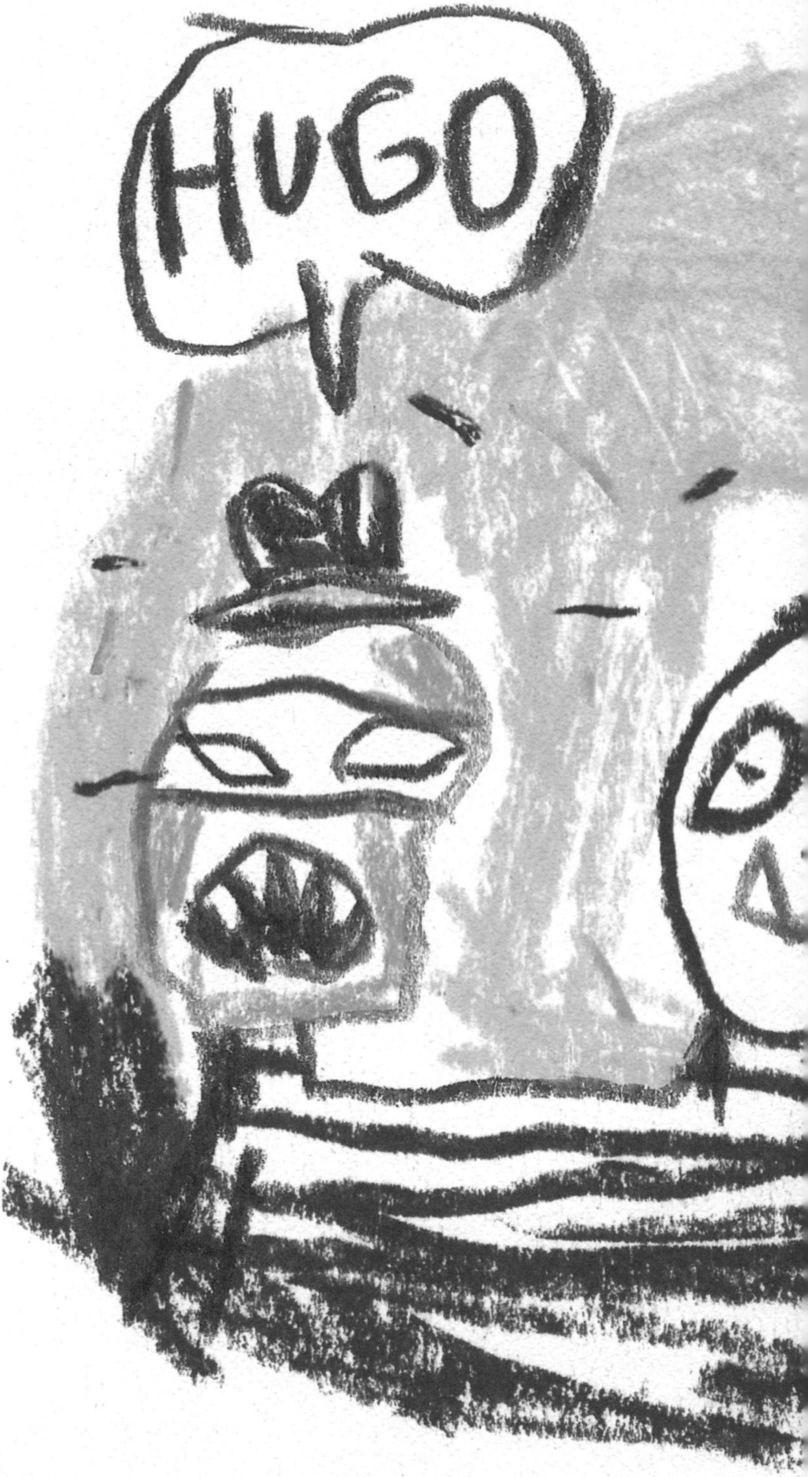
HUGO

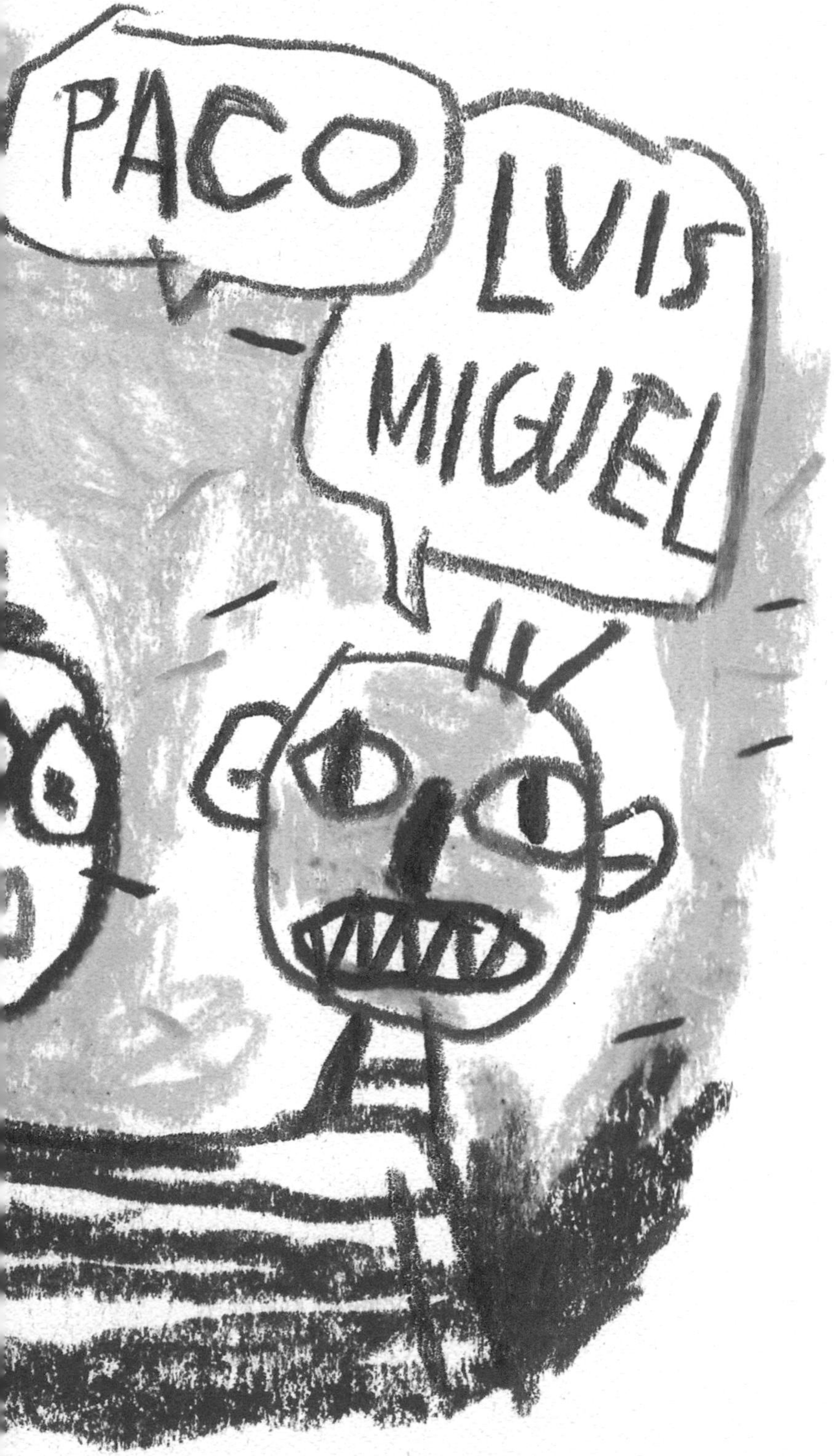
PACO
LUIS MIGUEL

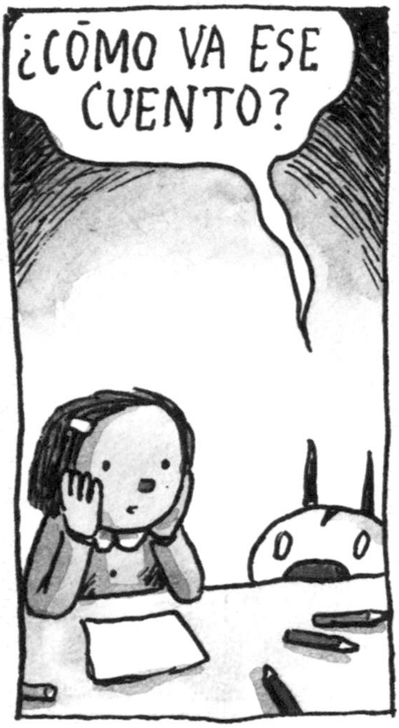
¿CÓMO VA ESE CUENTO?

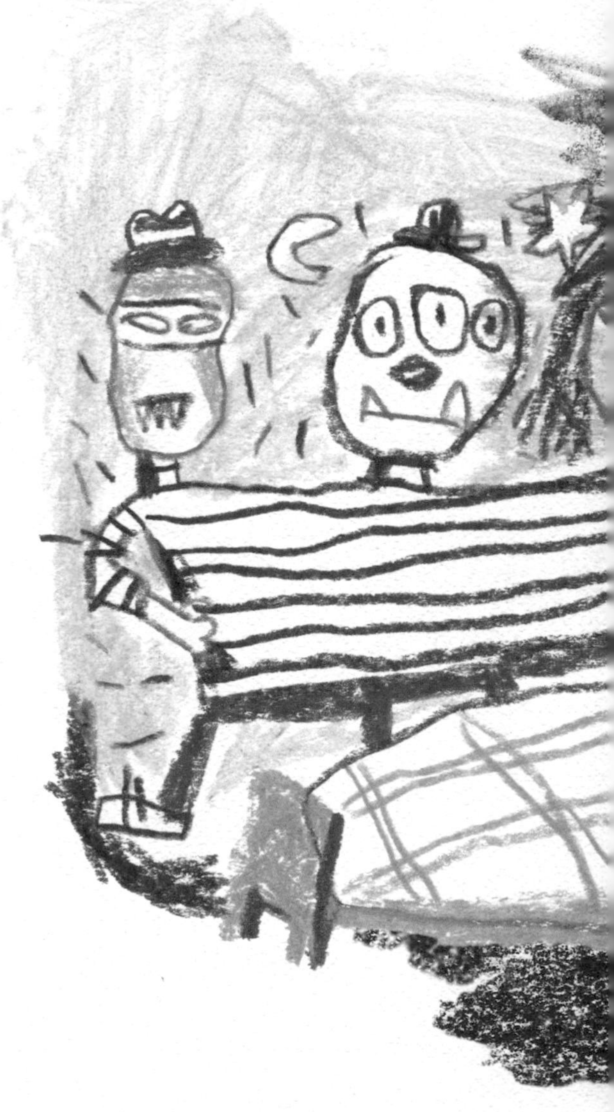

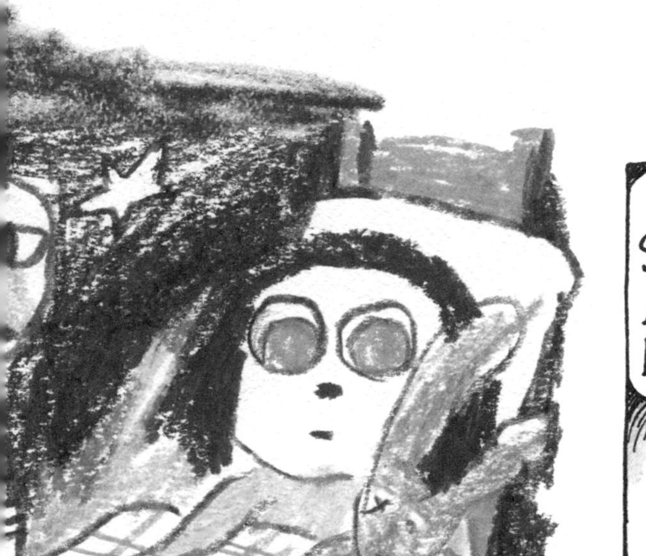

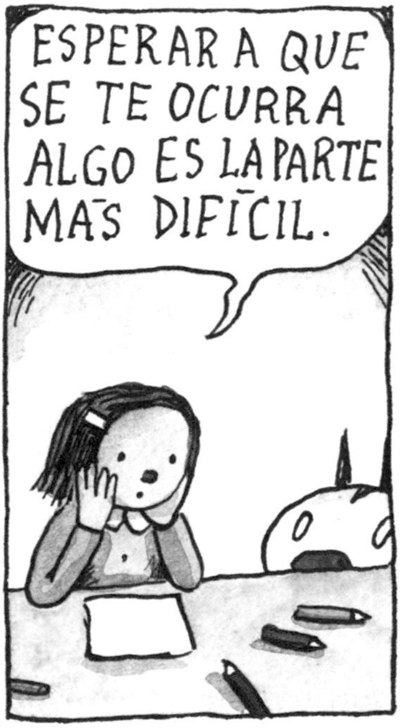
ESPERAR A QUE SE TE OCURRA ALGO ES LA PARTE MÁS DIFÍCIL.

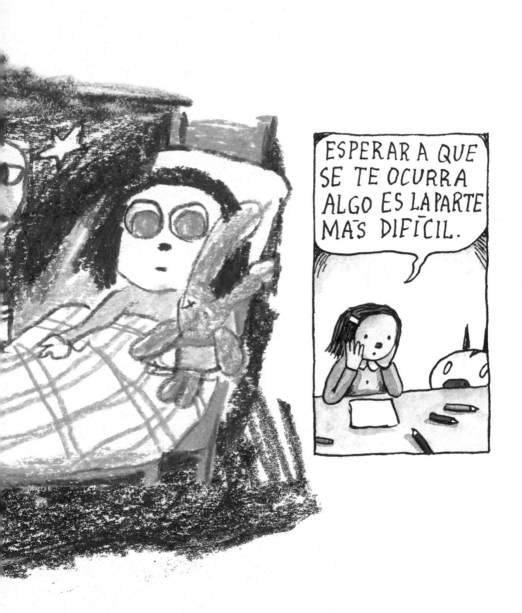

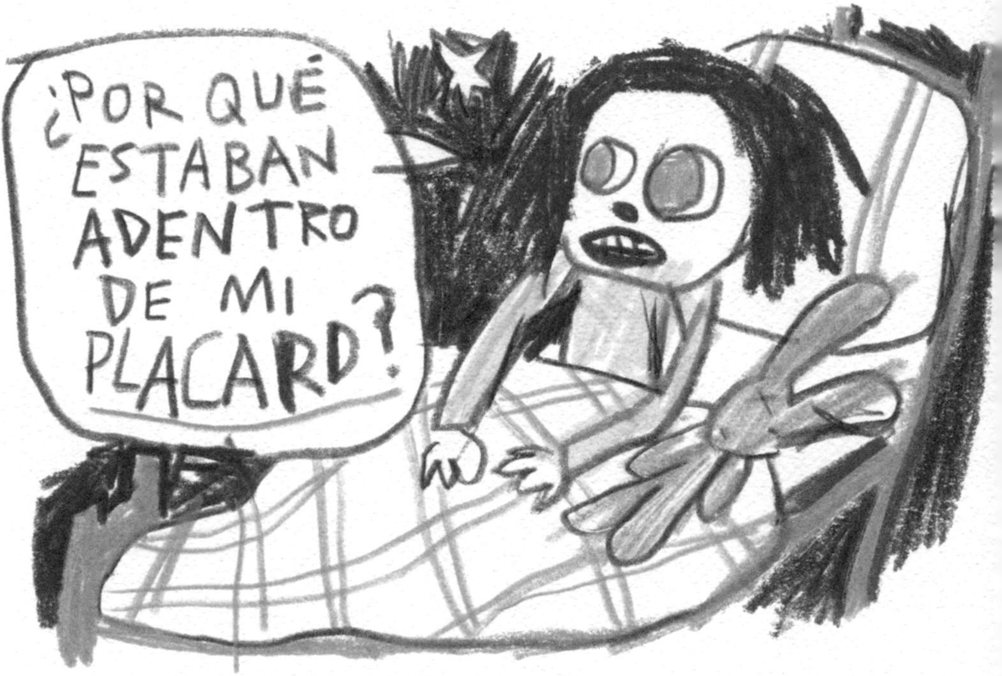
¿POR QUÉ ESTABAN ADENTRO DE MI PLACARD?

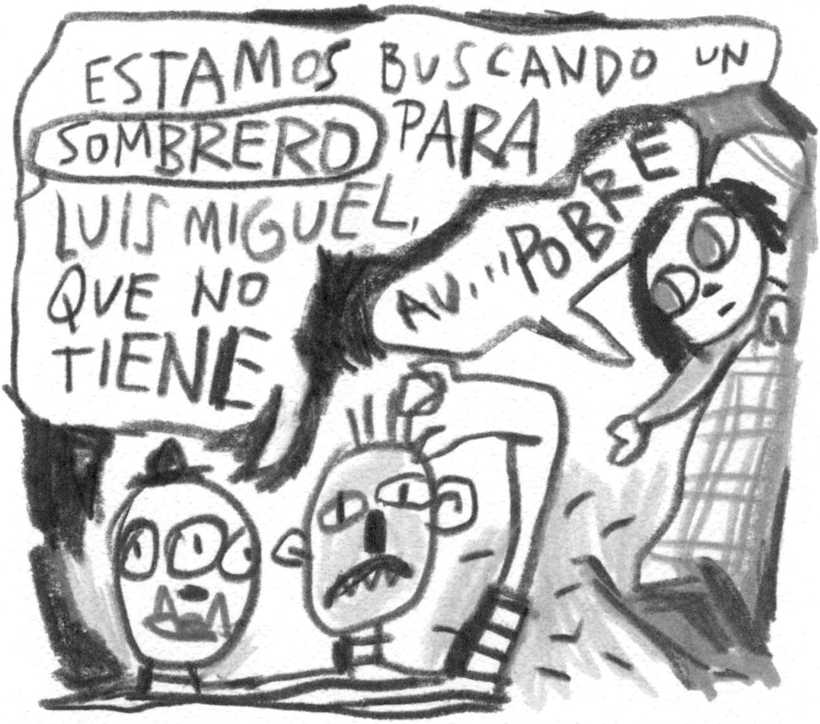
ESTAMOS BUSCANDO UN SOMBRERO PARA LUIS MIGUEL, QUE NO TIENE
AY... POBRE

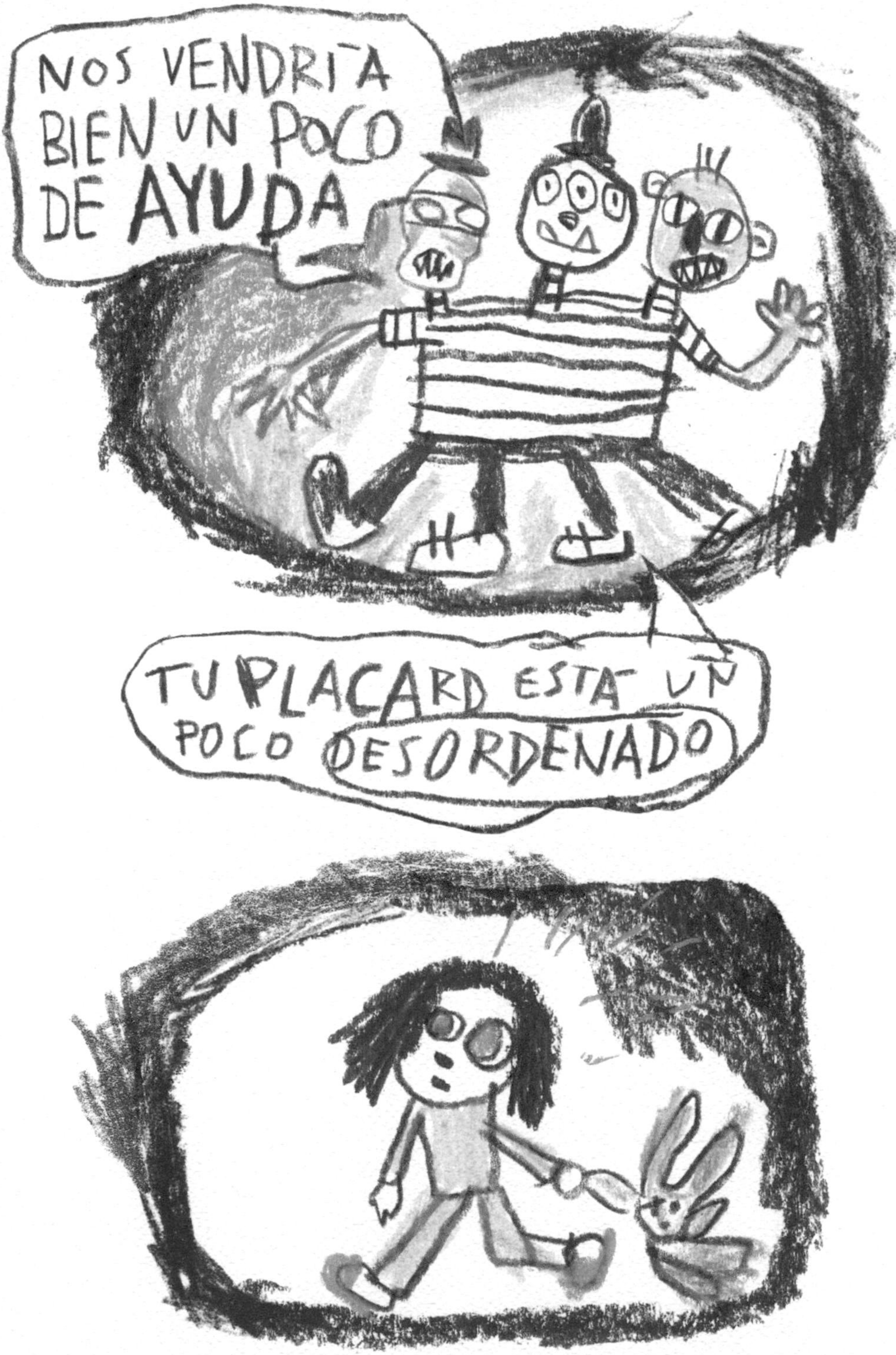
NOS VENDRÍA BIEN UN POCO DE AYUDA
TU PLACARD ESTÁ UN POCO DESORDENADO

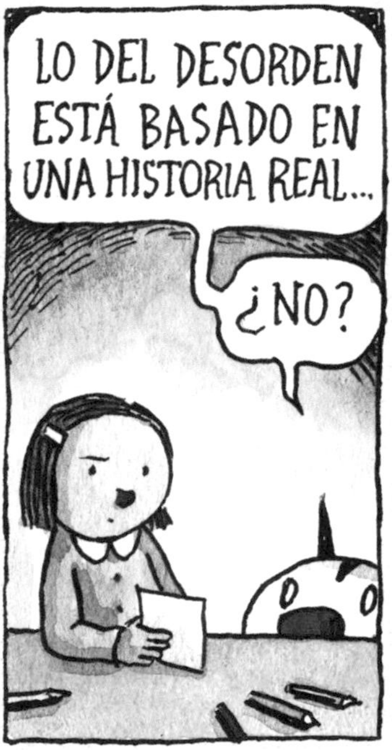
LO DEL DESORDEN ESTÁ BASADO EN UNA HISTORIA REAL...
¿NO?

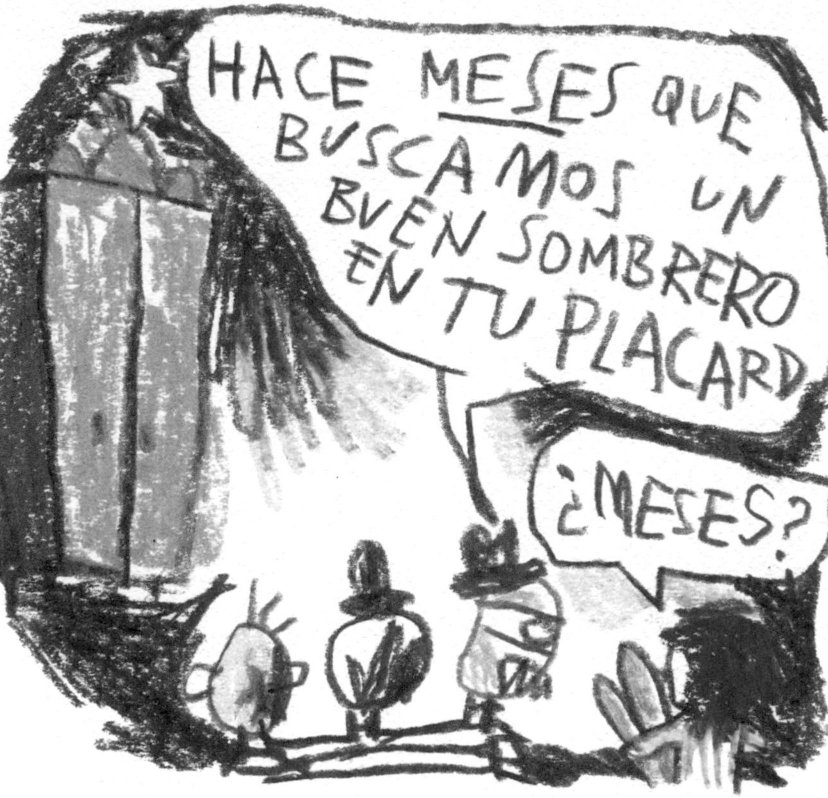
HACE MESES QUE BUSCAMOS UN BUEN SOMBRERO EN TU PLACARD
¿MESES?

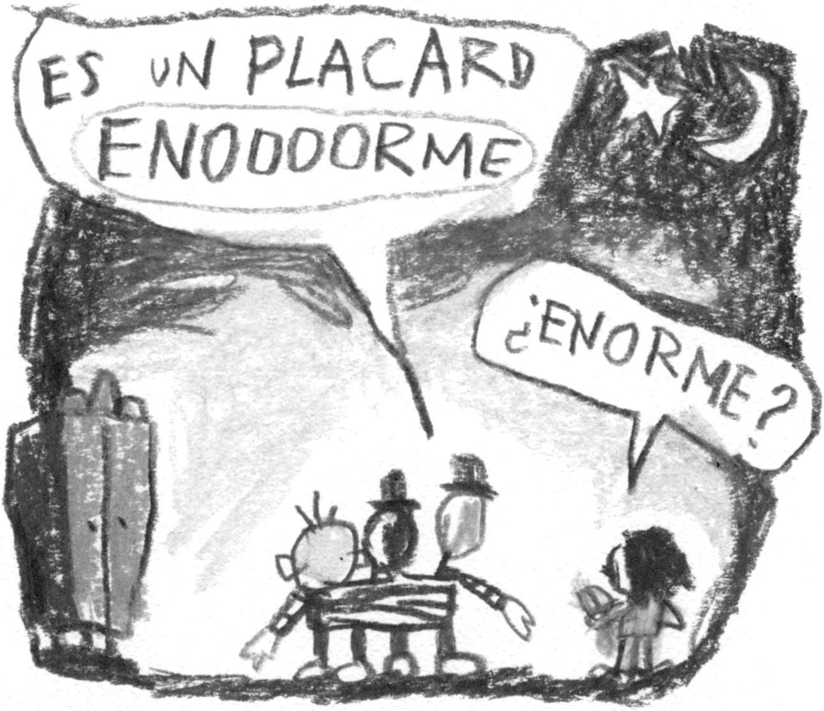
ES UN PLACARD ENOOOORME
¿ENORME?

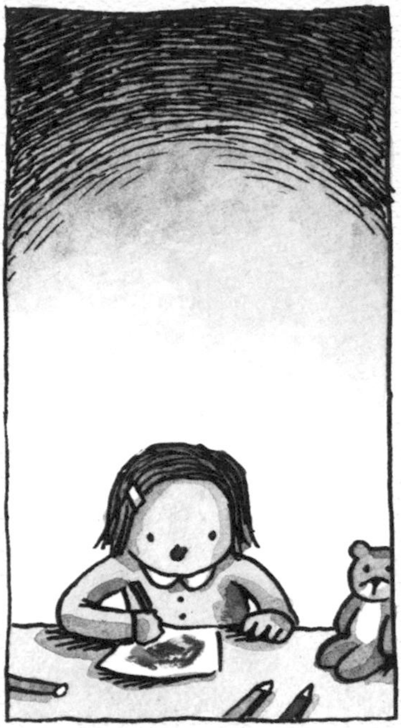

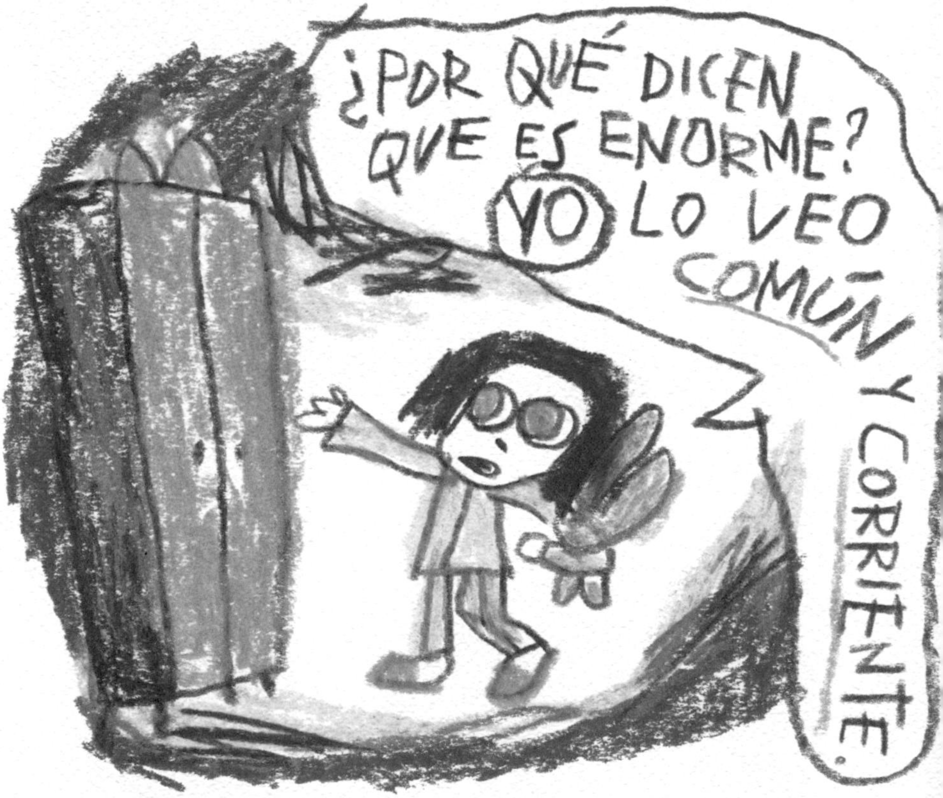
¿POR QUÉ DICEN QUE ES ENORME? YO LO VEO COMÚN Y CORRIENTE.

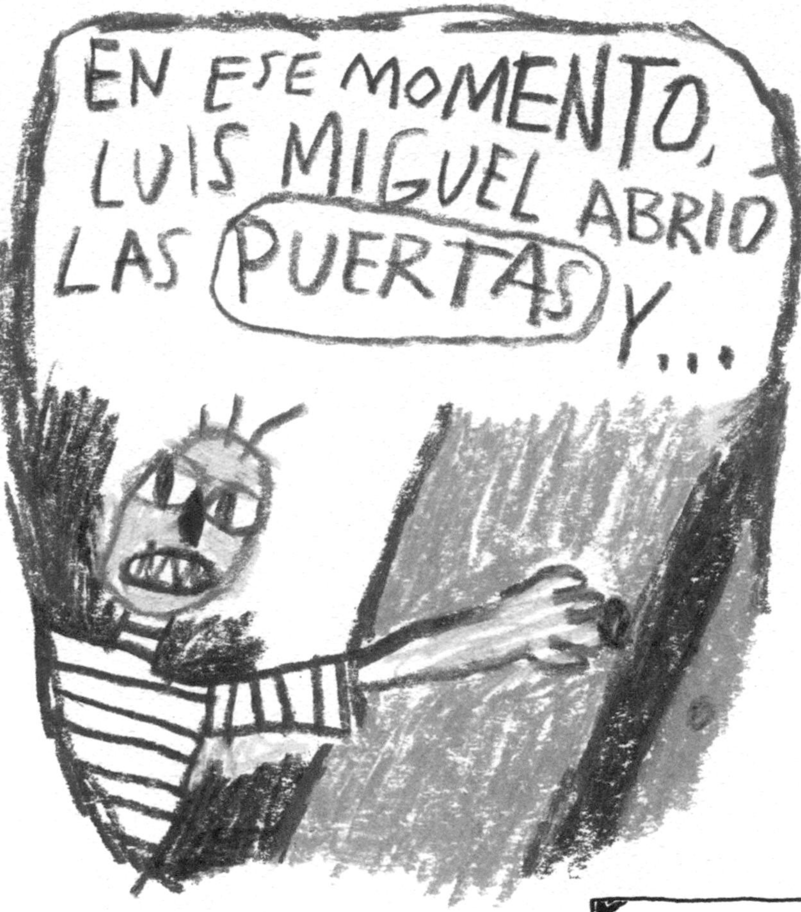
EN ESE MOMENTO, LUIS MIGUEL ABRIO LAS PUERTAS Y...

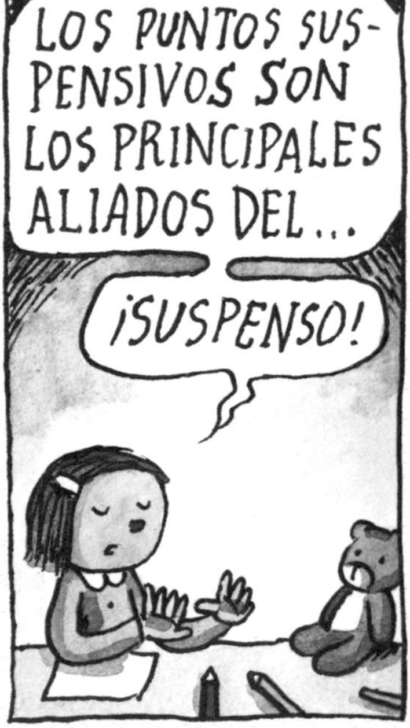
LOS PUNTOS SUS-PENSIVOS SON LOS PRINCIPALES ALIADOS DEL...
¡SUSPENSO!

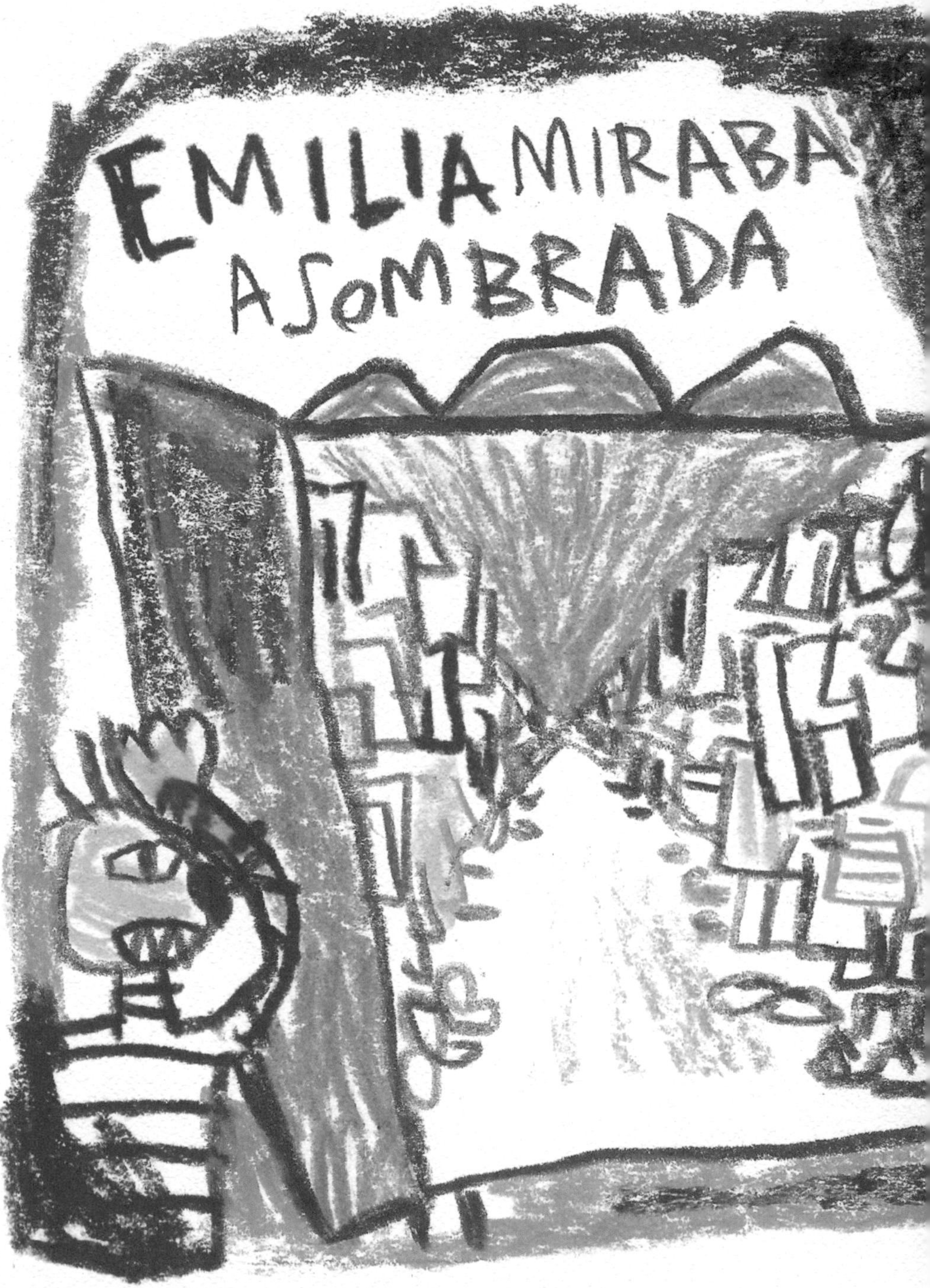
EMILIA MIRABA
ASOMBRADA

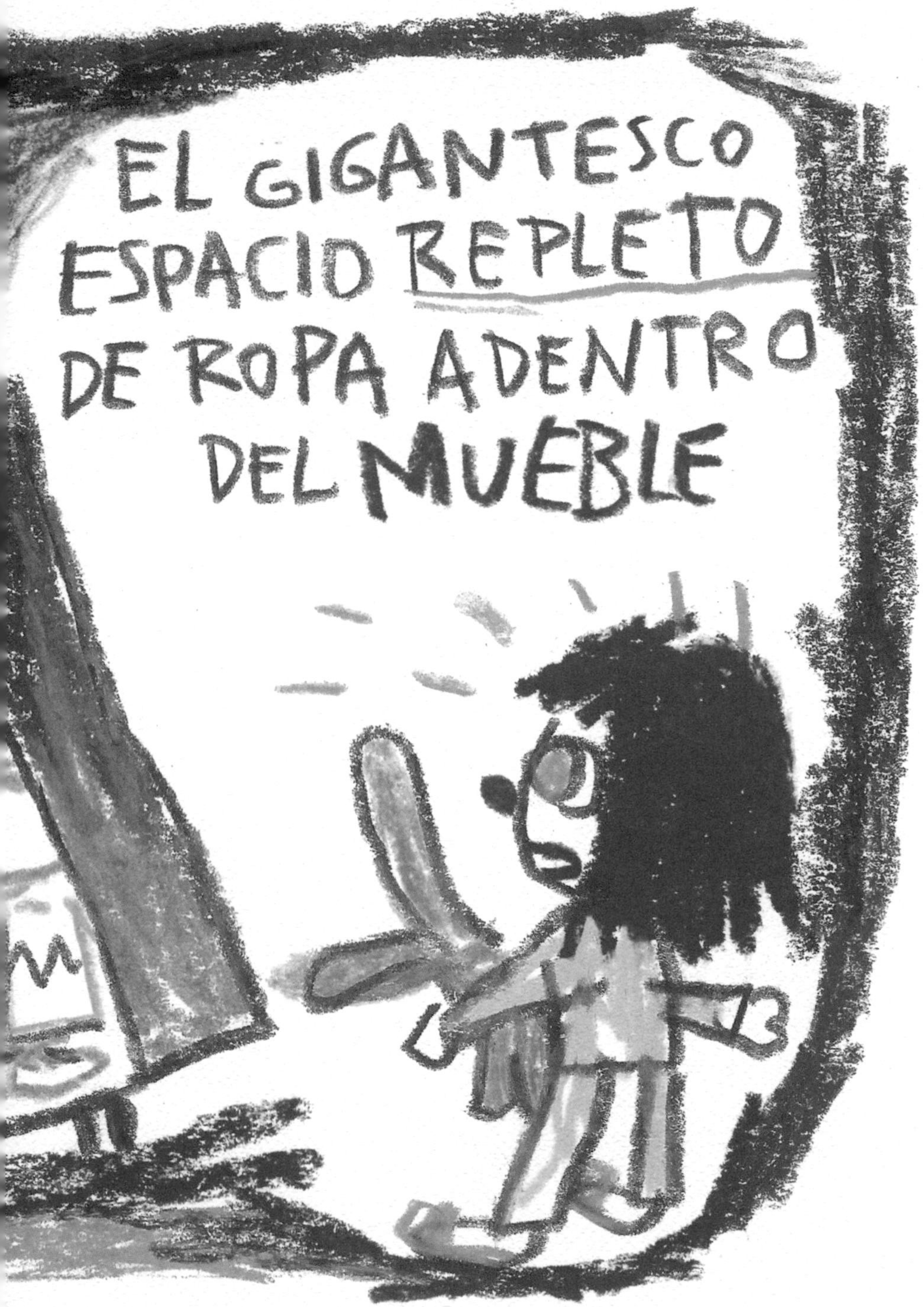
EL GIGANTESCO ESPACIO REPLETO DE ROPA ADENTRO DEL MUEBLE

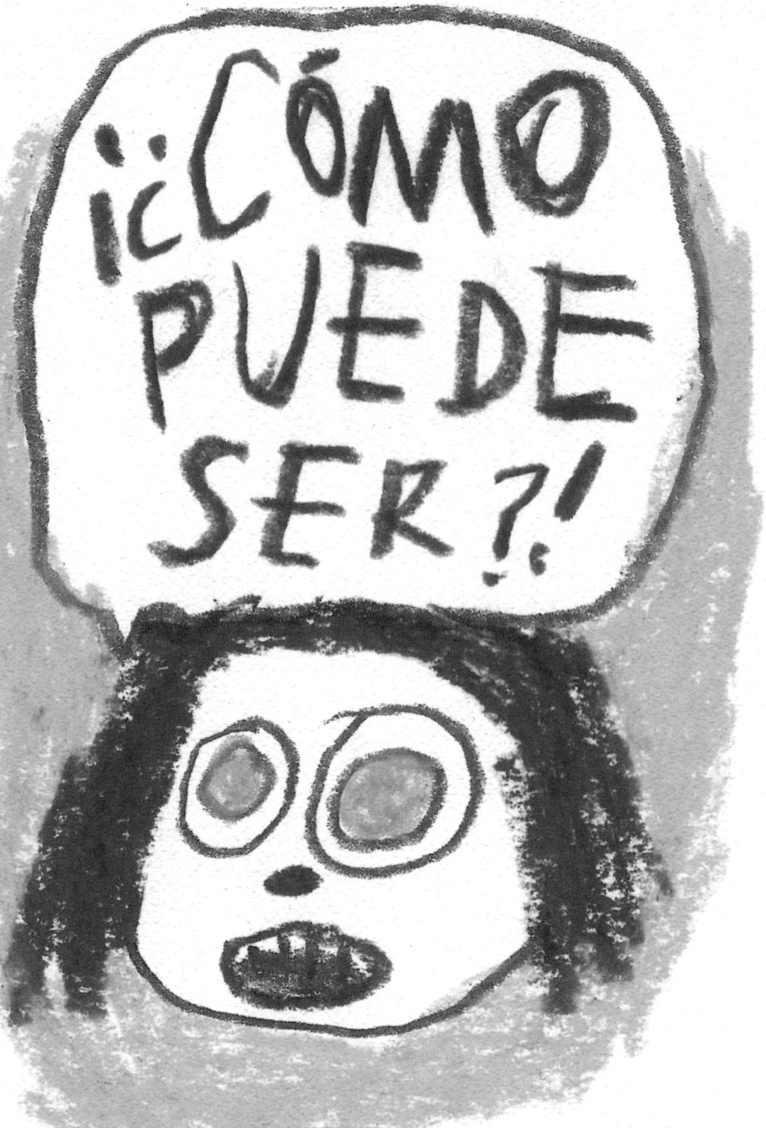
¡¿CÓMO PUEDE SER?!

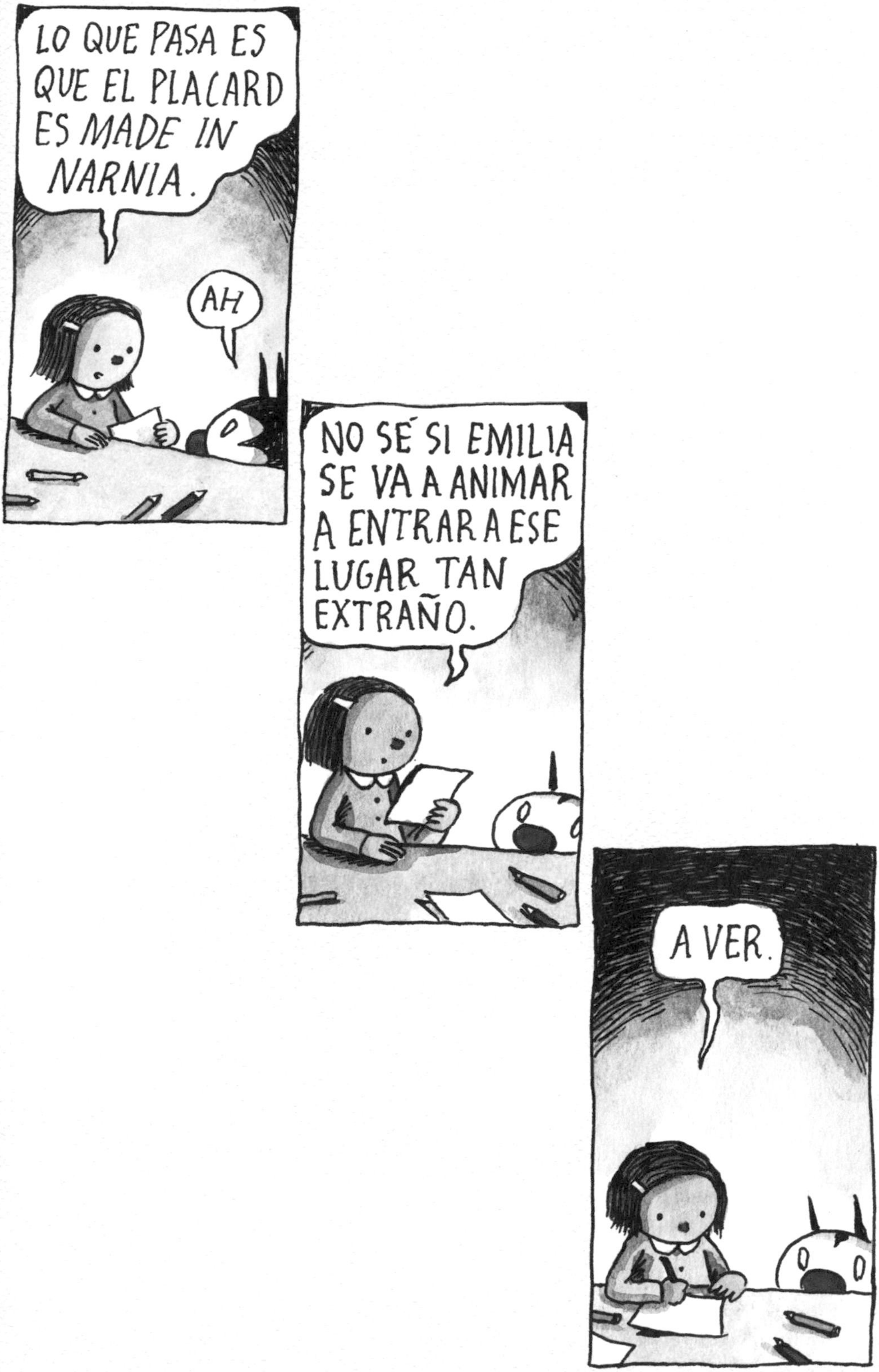
LO QUE PASA ES QUE EL PLACARD ES MADE IN NARNIA.
AH
NO SÉ SI EMILIA SE VA A ANIMAR A ENTRAR A ESE LUGAR TAN EXTRAÑO.
A VER.

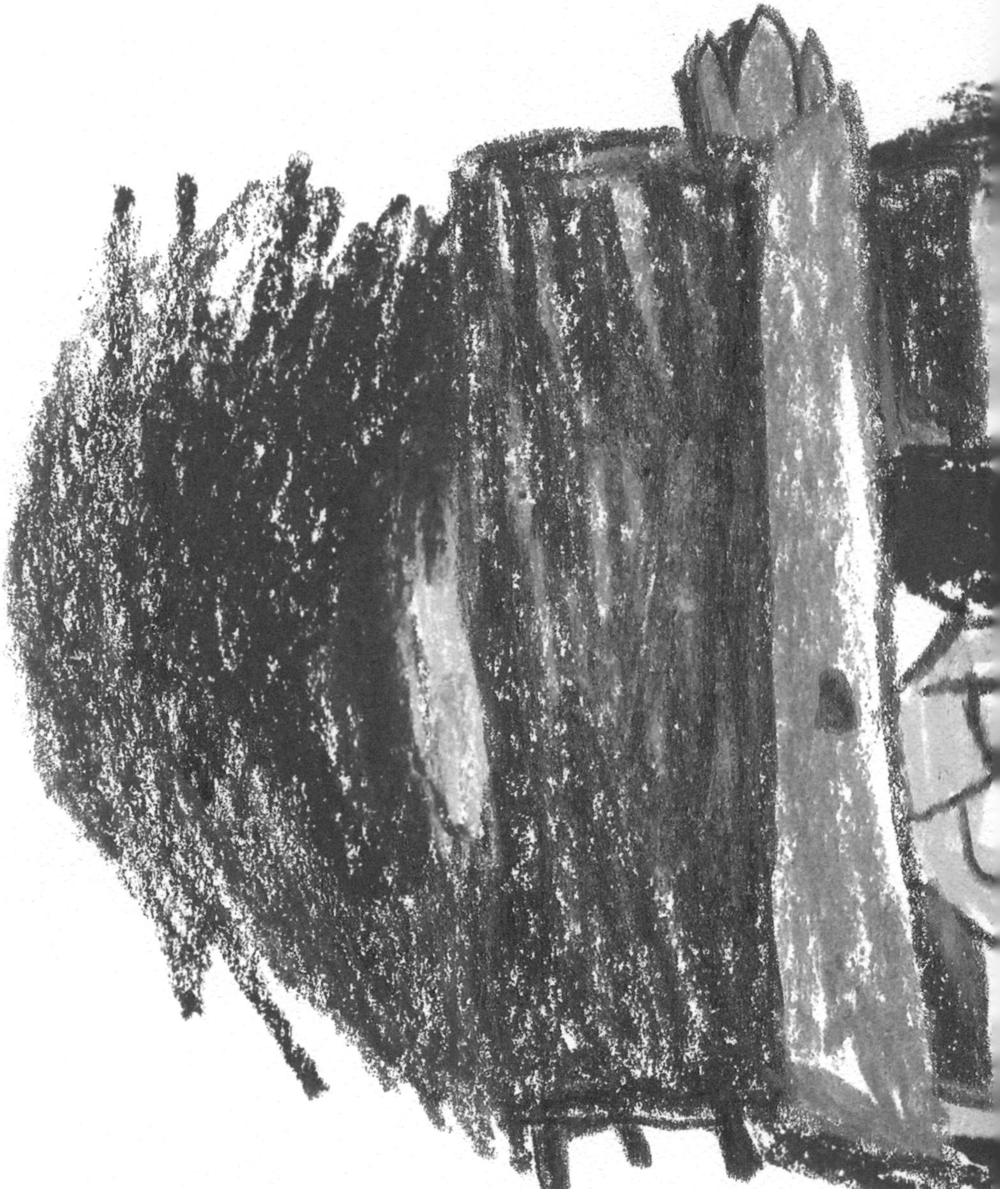

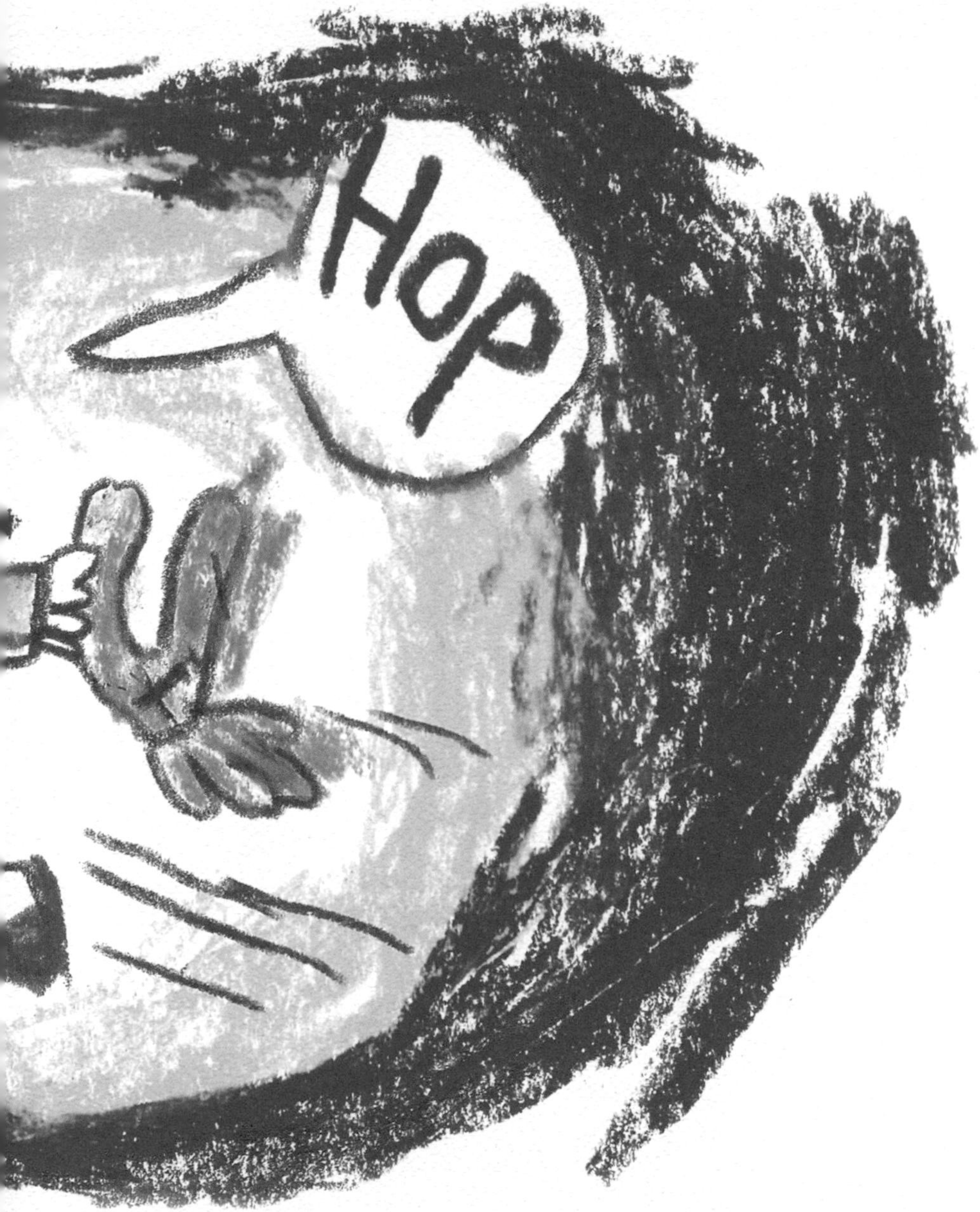
Hop

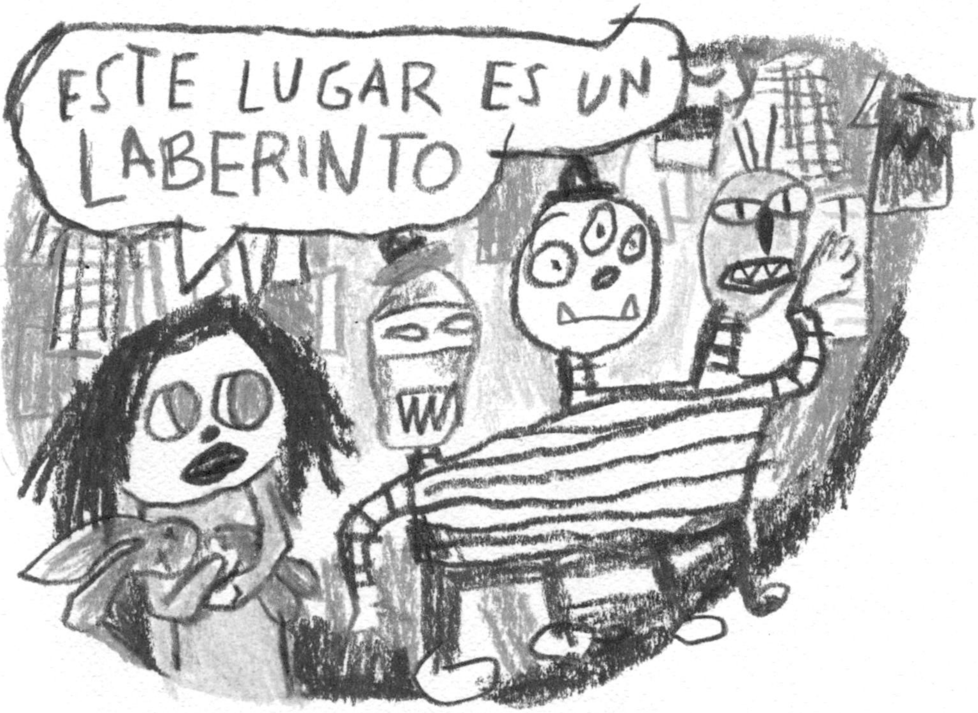
ESTE LUGAR ES UN LABERINTO

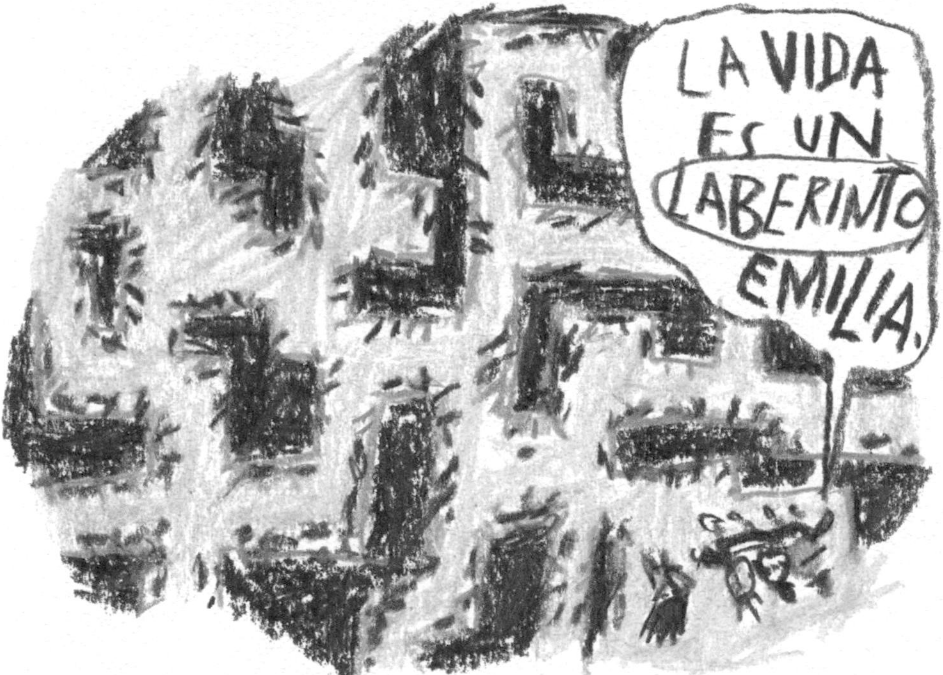
LA VIDA ES UN LABERINTO EMILIA.

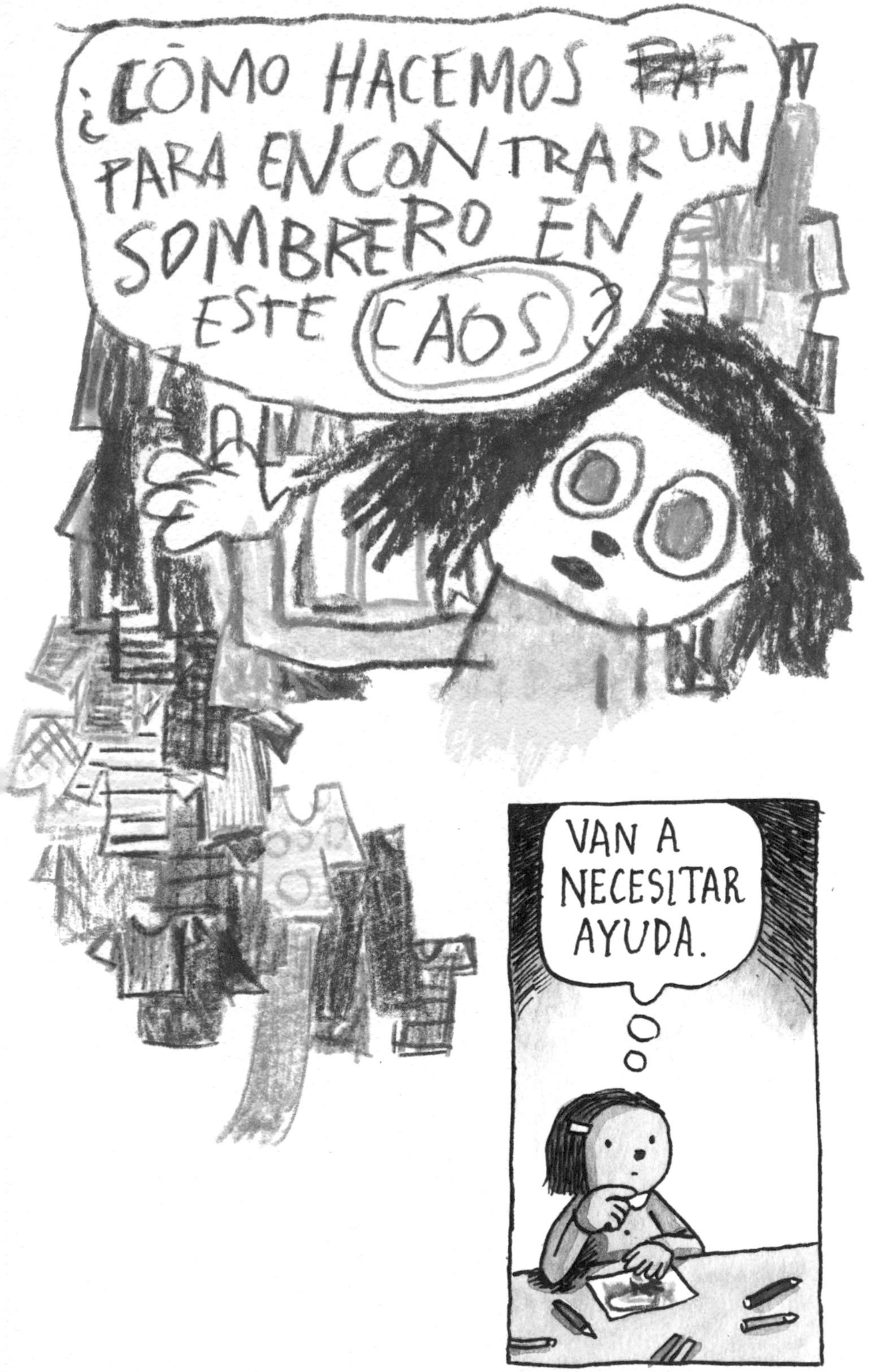
¿CÓMO HACEMOS PARA ENCONTRAR UN SOMBRERO EN ESTE CAOS?

VAN A NECESITAR AYUDA.

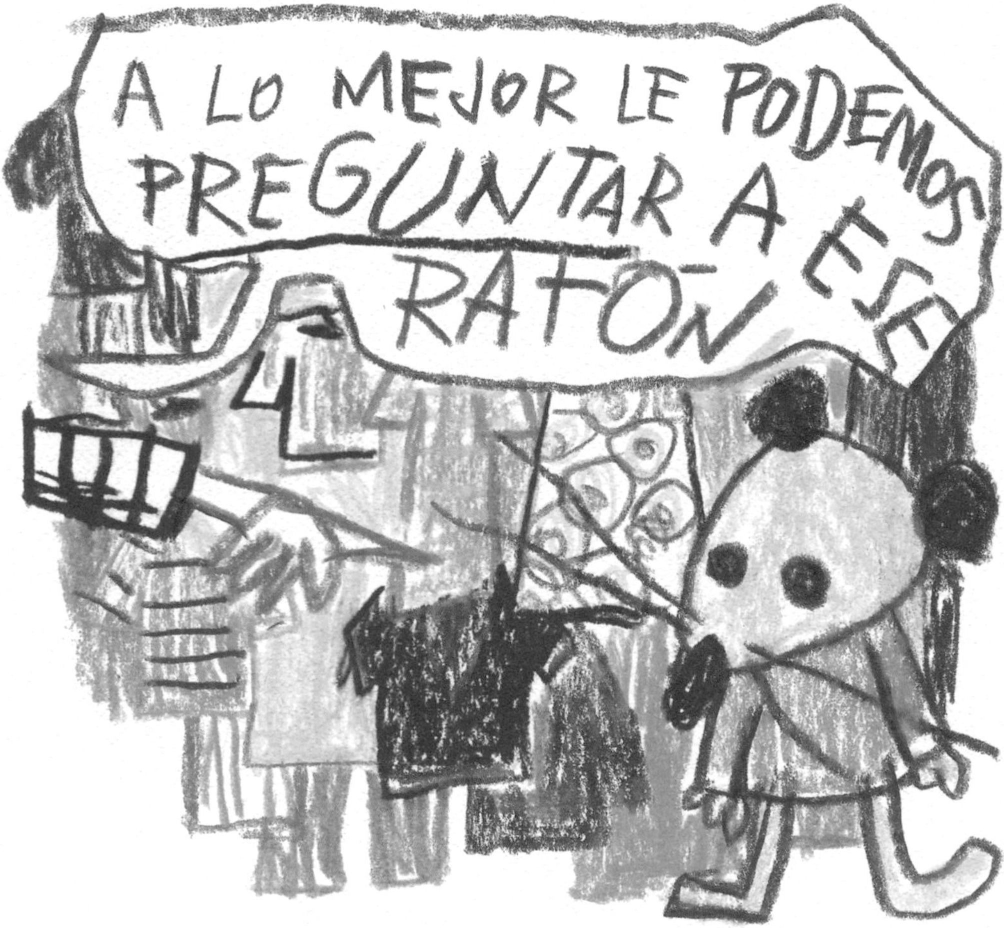
A LO MEJOR LE PODEMOS PREGUNTAR A ESE RATÓN

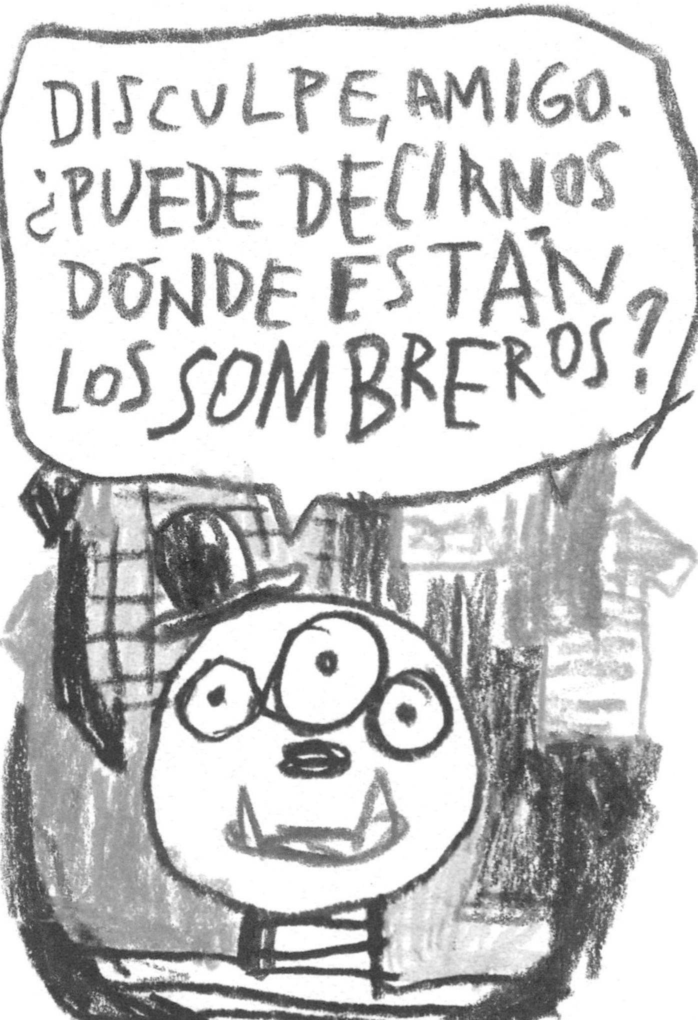
DISCULPE, AMIGO. ¿PUEDE DECIRNOS DÓNDE ESTÁN LOS SOMBREROS?

38

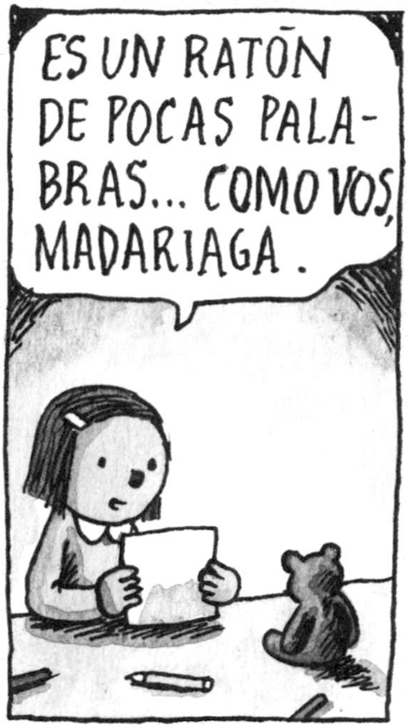
ES UN RATÓN DE POCAS PALABRAS... COMO VOS, MADARIAGA.

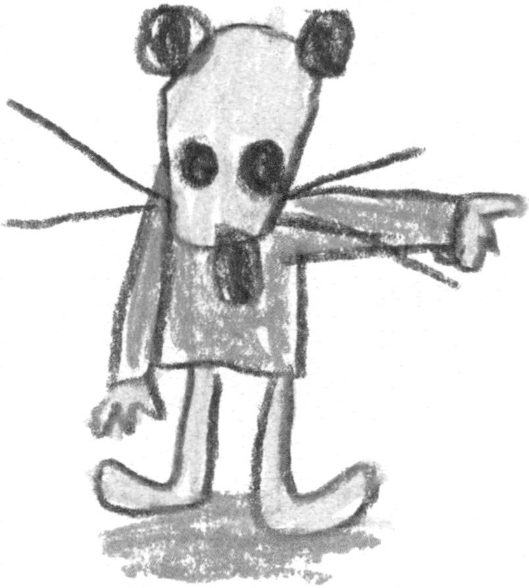

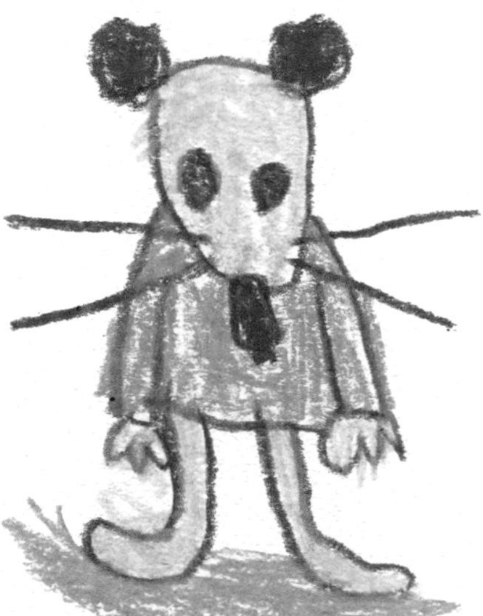

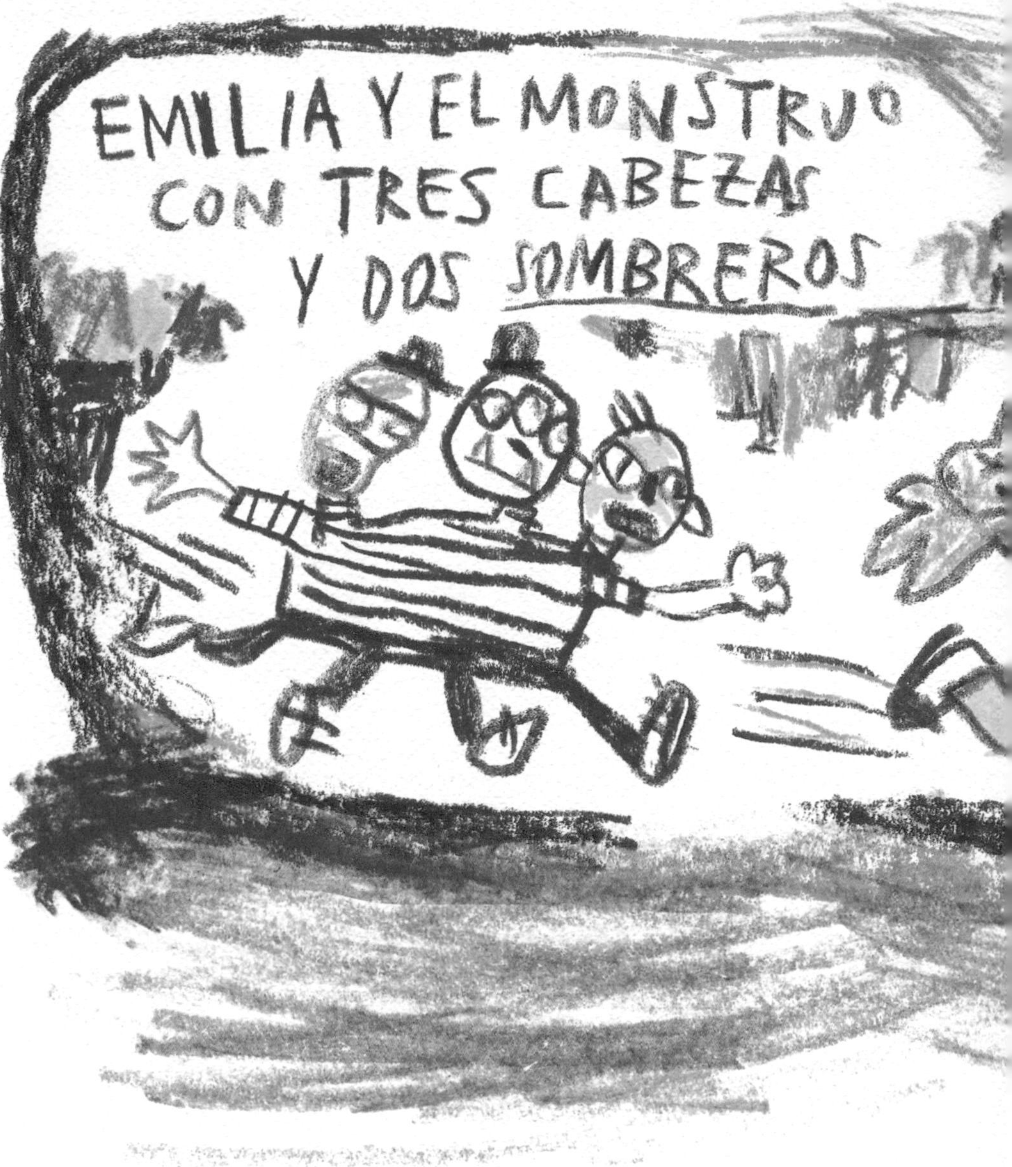
EMILIA Y EL MONSTRUO
CON TRES CABEZAS
Y DOS SOMBREROS

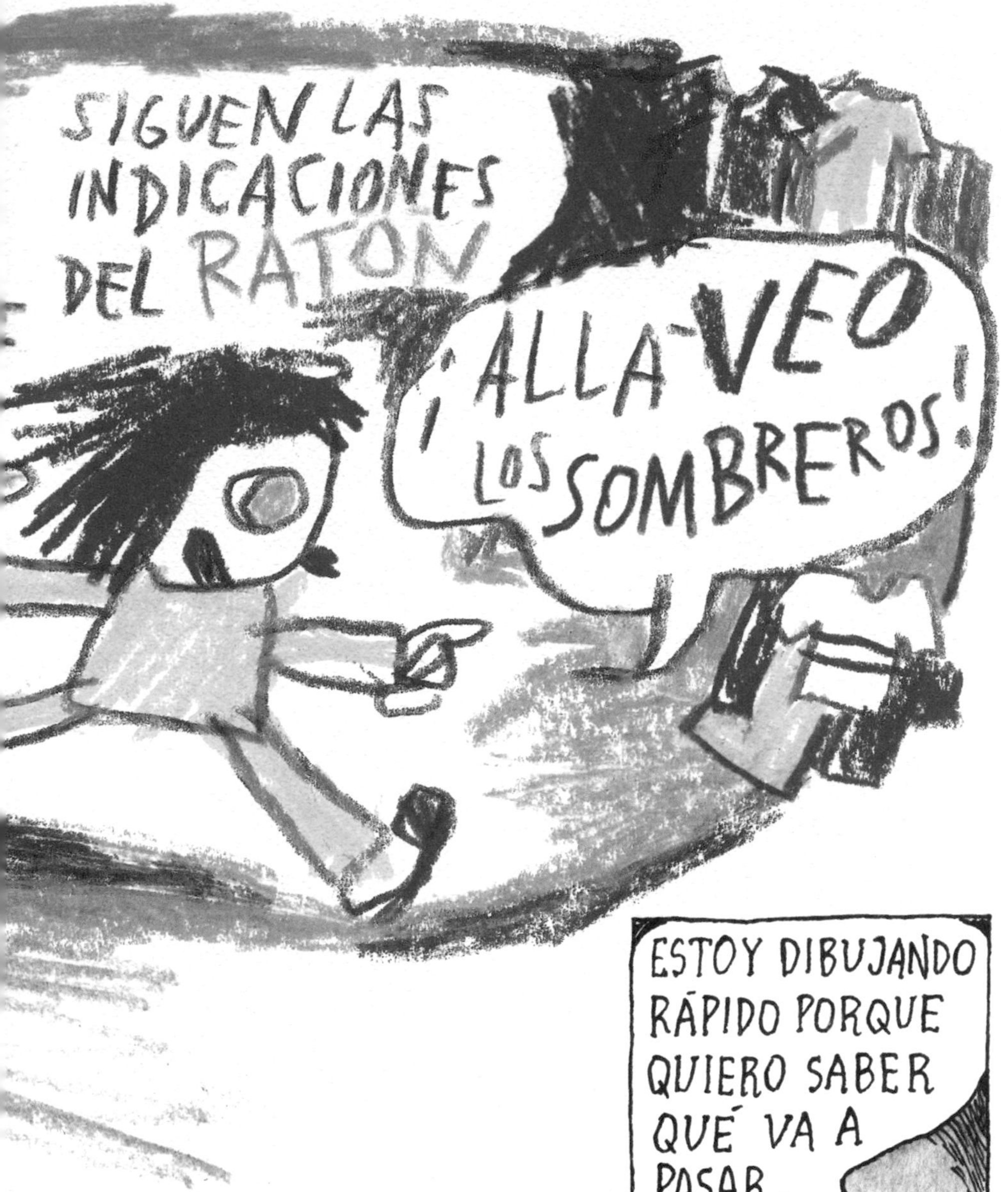
SIGUEN LAS INDICACIONES DEL RATON
¡ALLÁ VEO LOS SOMBREROS!

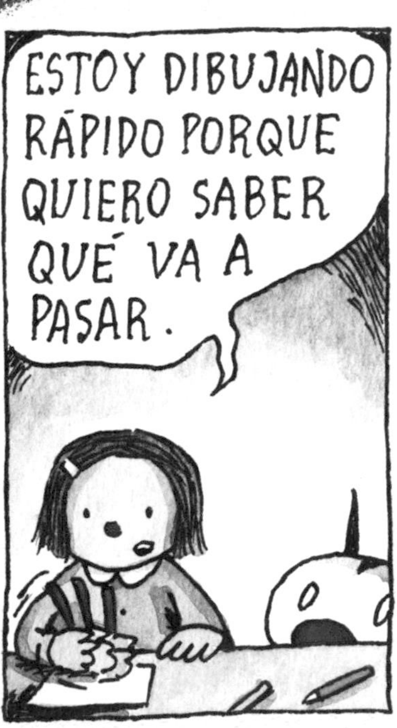
ESTOY DIBUJANDO RÁPIDO PORQUE QUIERO SABER QUÉ VA A PASAR.

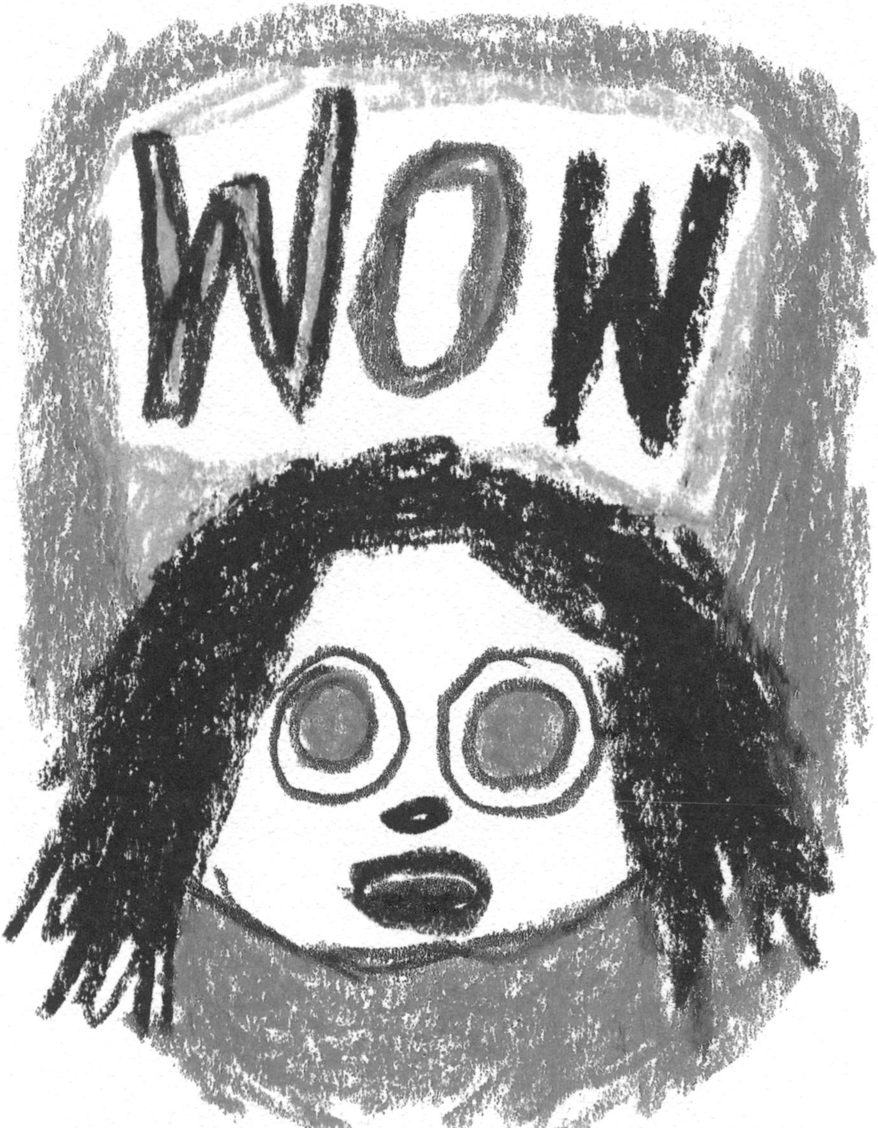
WOW

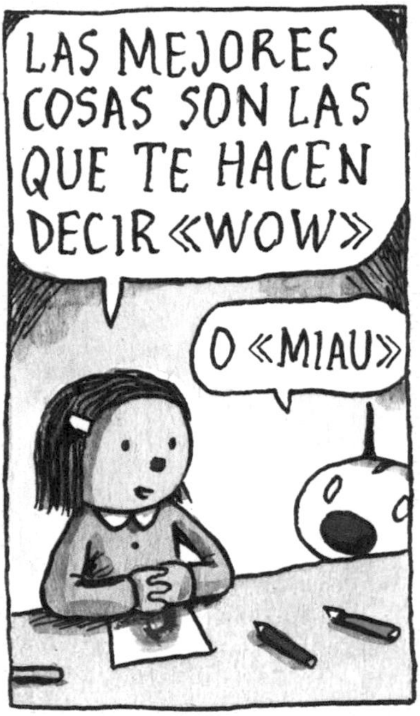
LAS MEJORES COSAS SON LAS QUE TE HACEN DECIR «WOW»
O «MIAU»

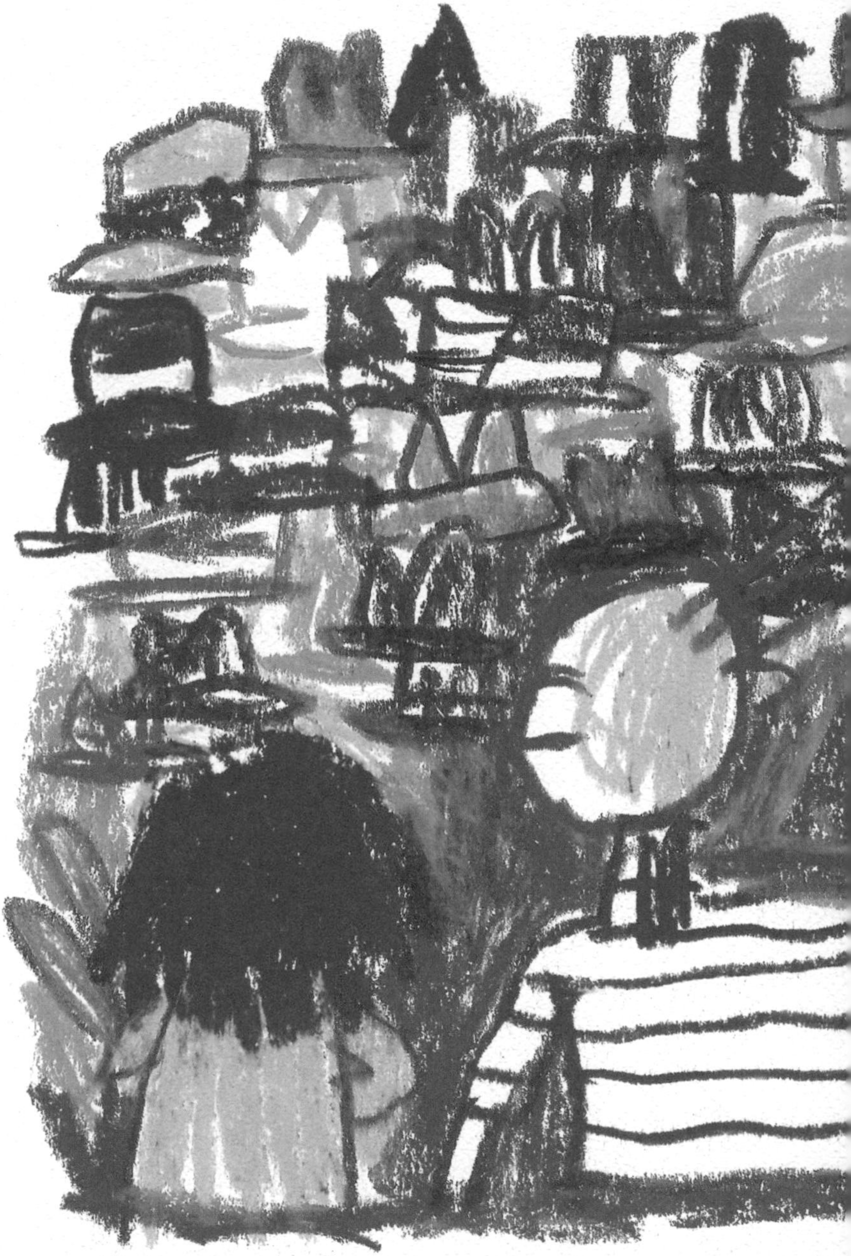

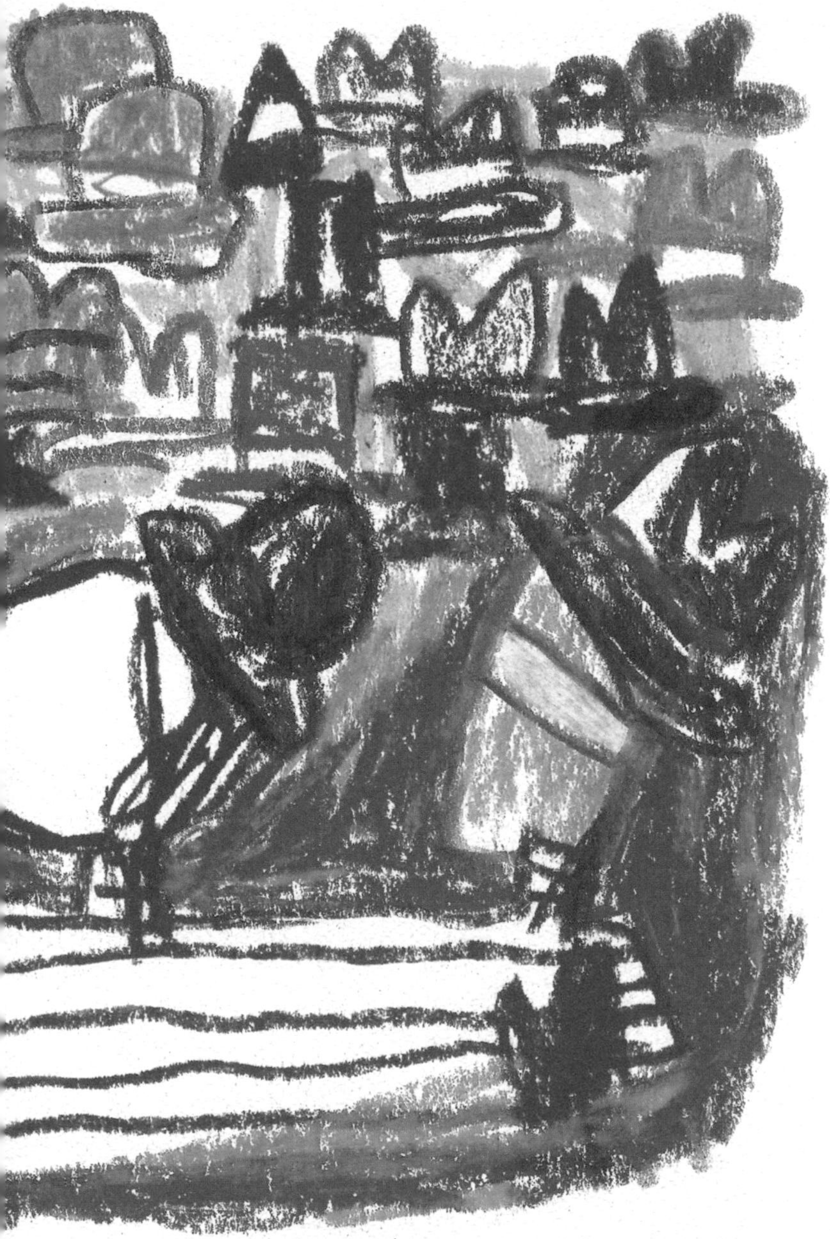

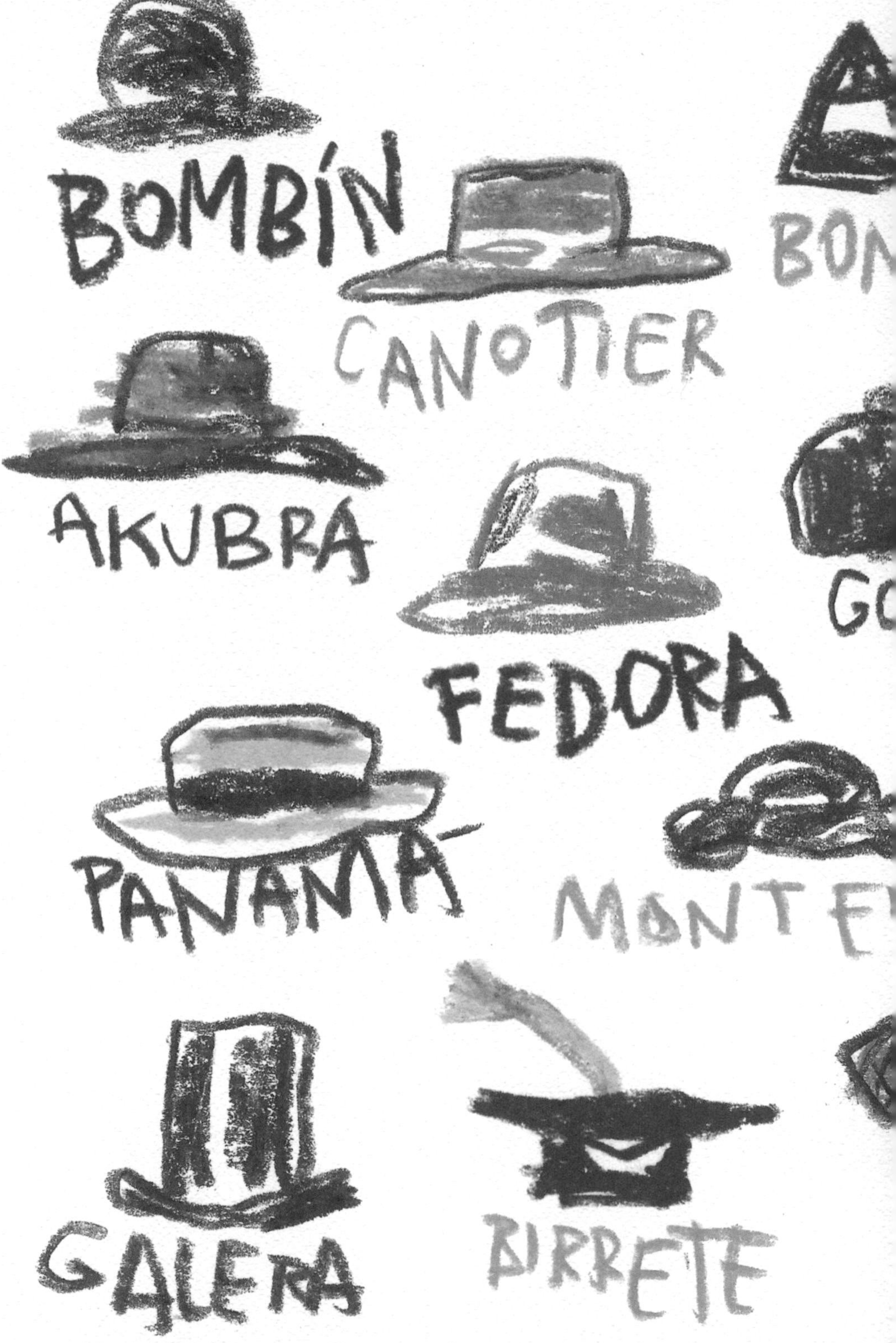
BOMBÍN
CANOTIER
BOM
AKUBRA
FEDORA
GO
PANAMÁ
MONTE
GALERA
BIRRETE

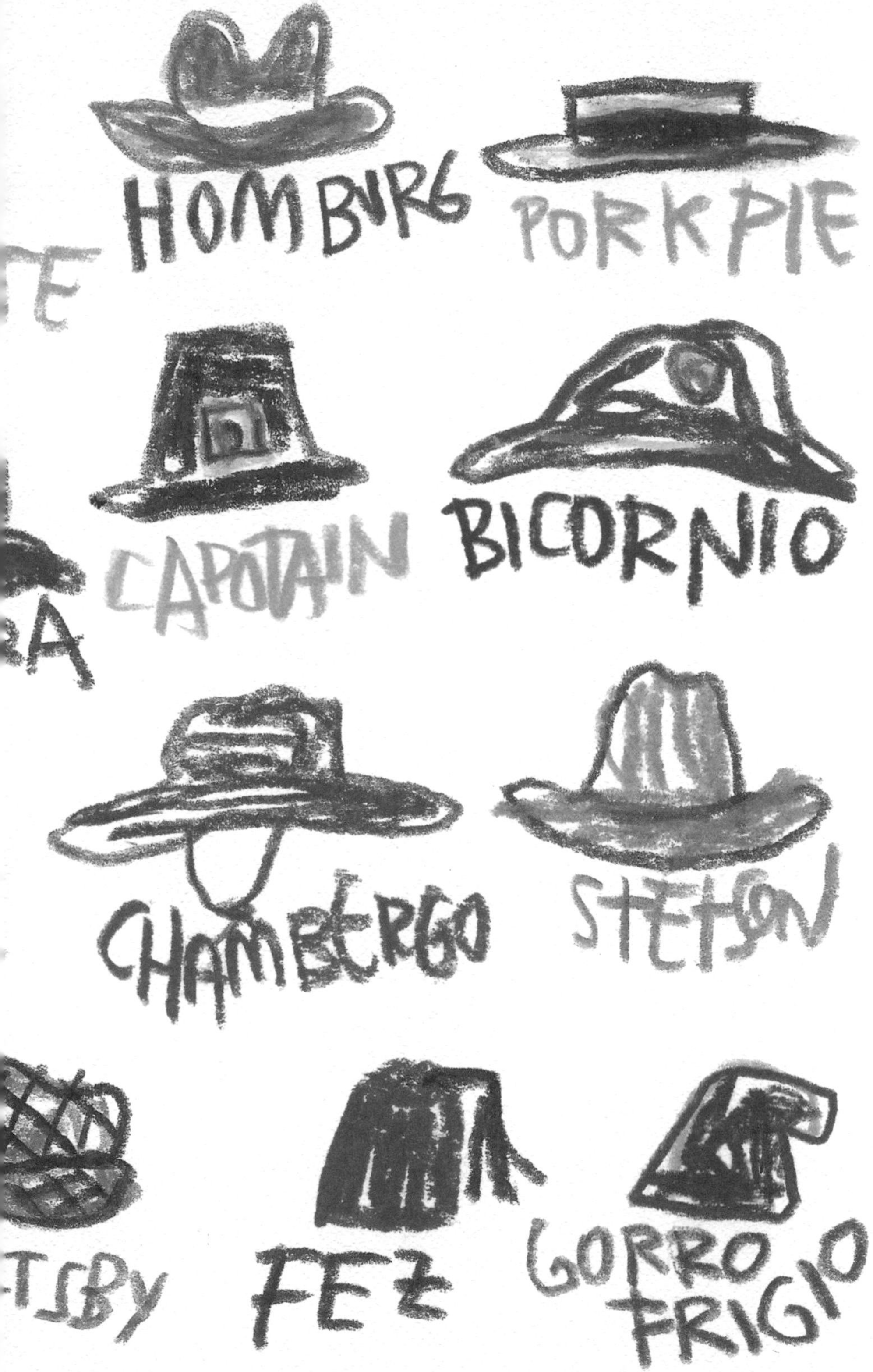
HOMBURG
PORKPIE
CAPOTAIN
BICORNIO
CHAMBERGO
STETSON
FEZ
GORRO FRIGIO

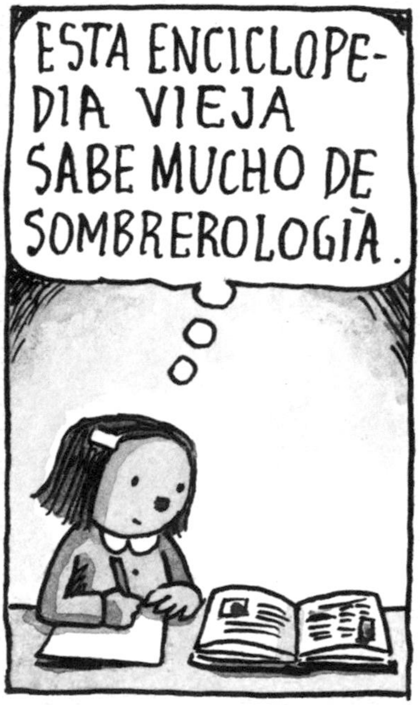
ESTA ENCICLOPEDIA VIEJA SABE MUCHO DE SOMBREROLOGÍA.

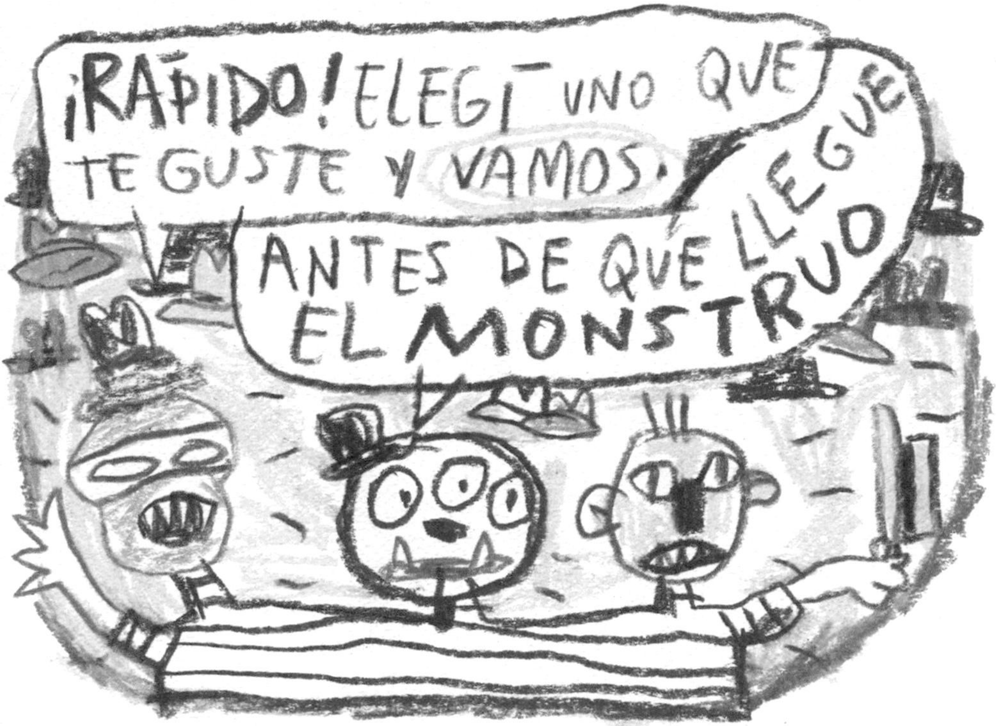
¡RÁPIDO! ELEGÍ UNO QUE TE GUSTE Y VAMOS.
ANTES DE QUE LLEGUE EL MONSTRUO

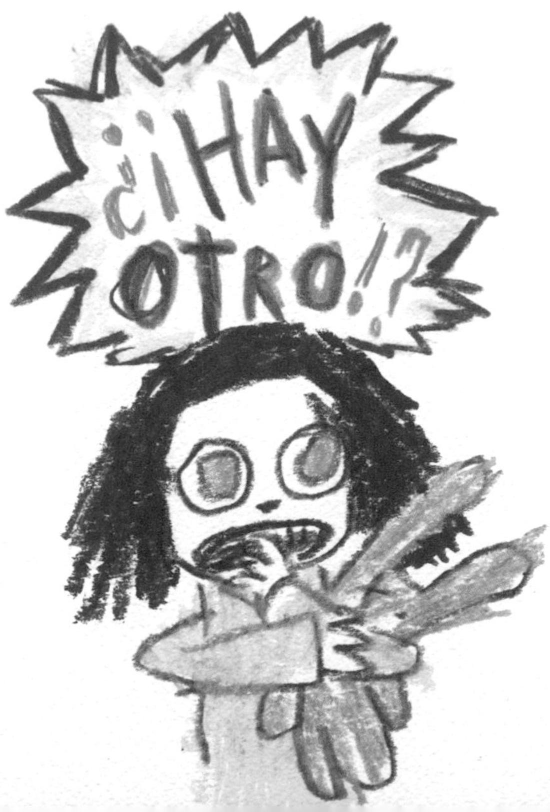
¿¡HAY OTRO!?

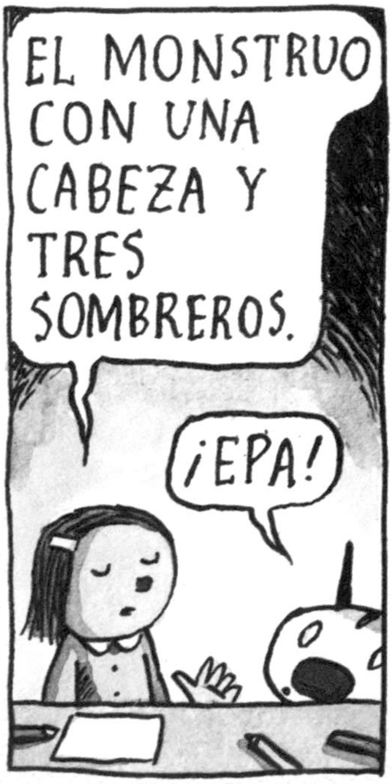
EL MONSTRUO CON UNA CABEZA Y TRES SOMBREROS.
¡EPA!

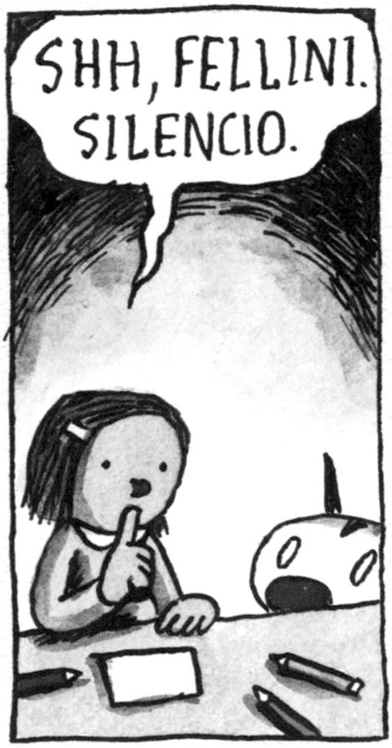
SHH, FELLINI. SILENCIO.

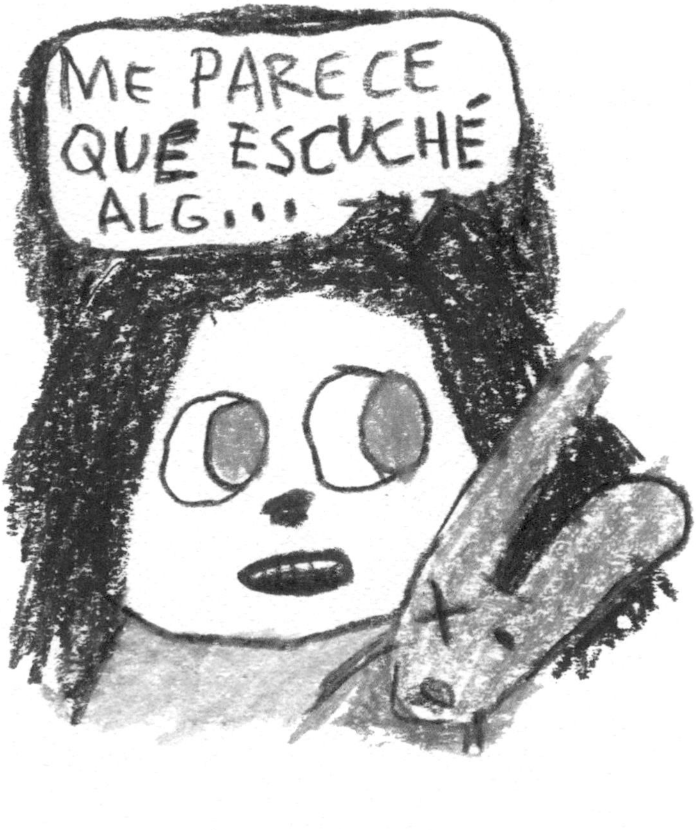
ME PARECE QUE ESCUCHÉ ALG...

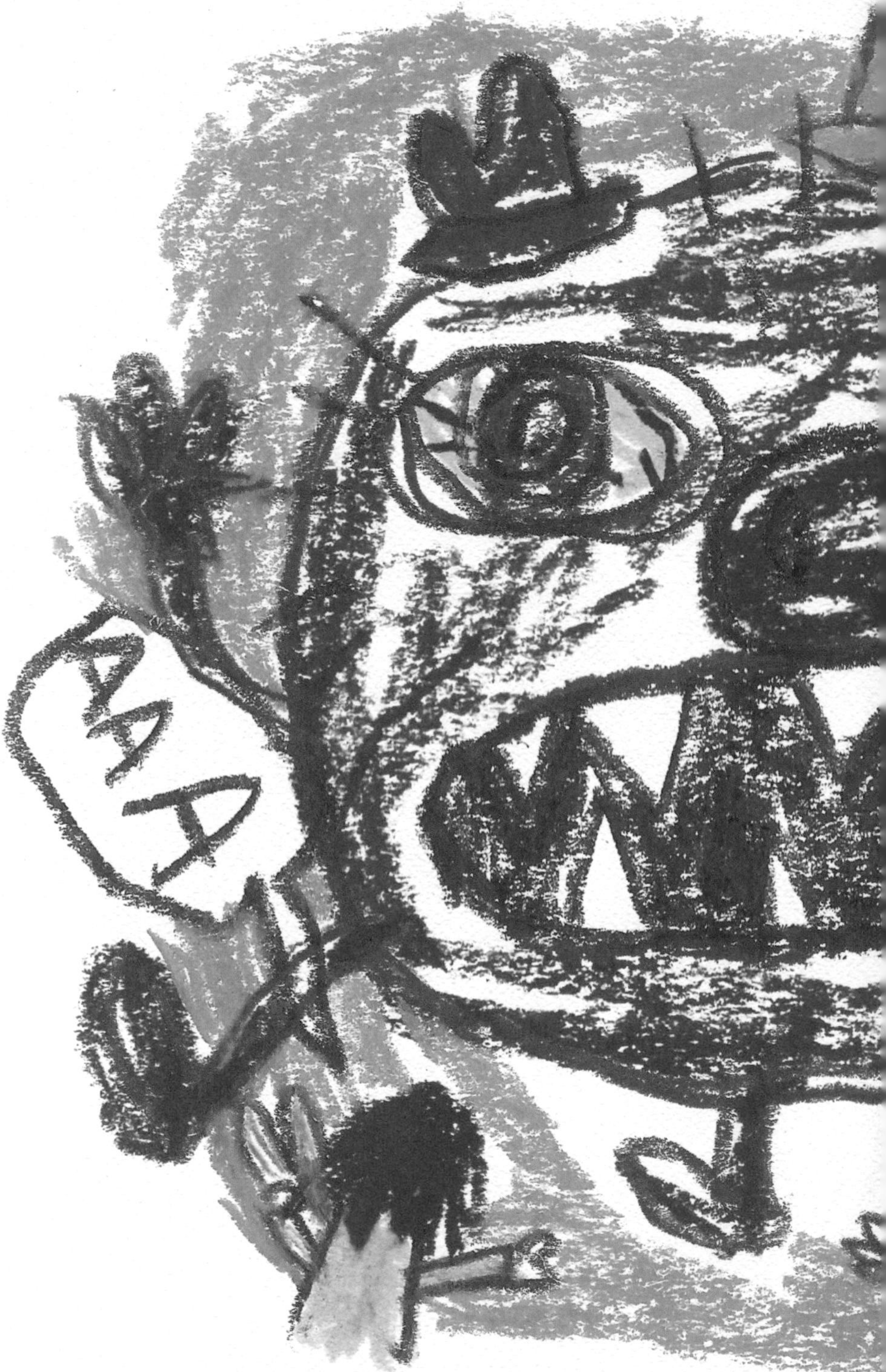
AAA

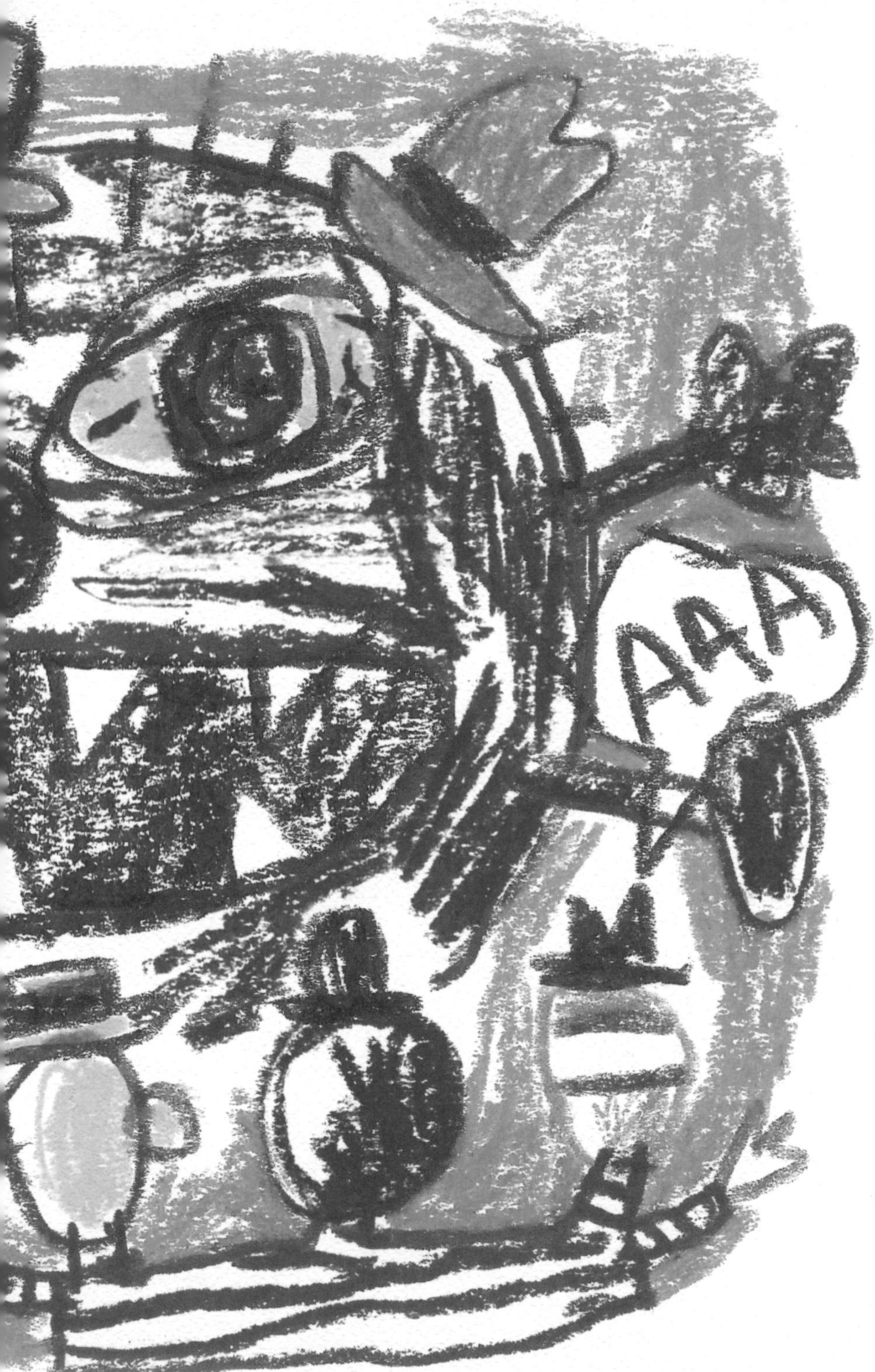
AAA

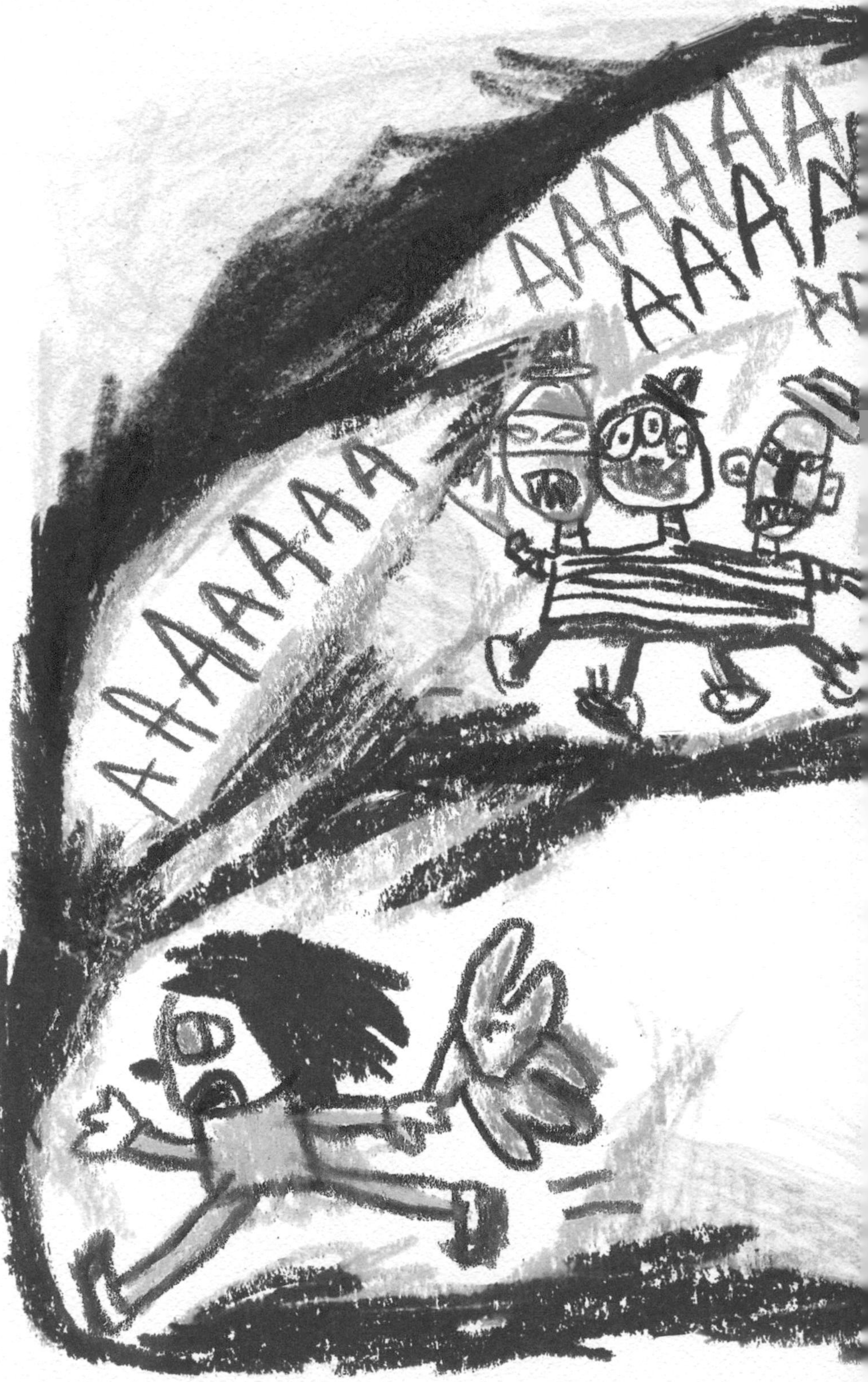

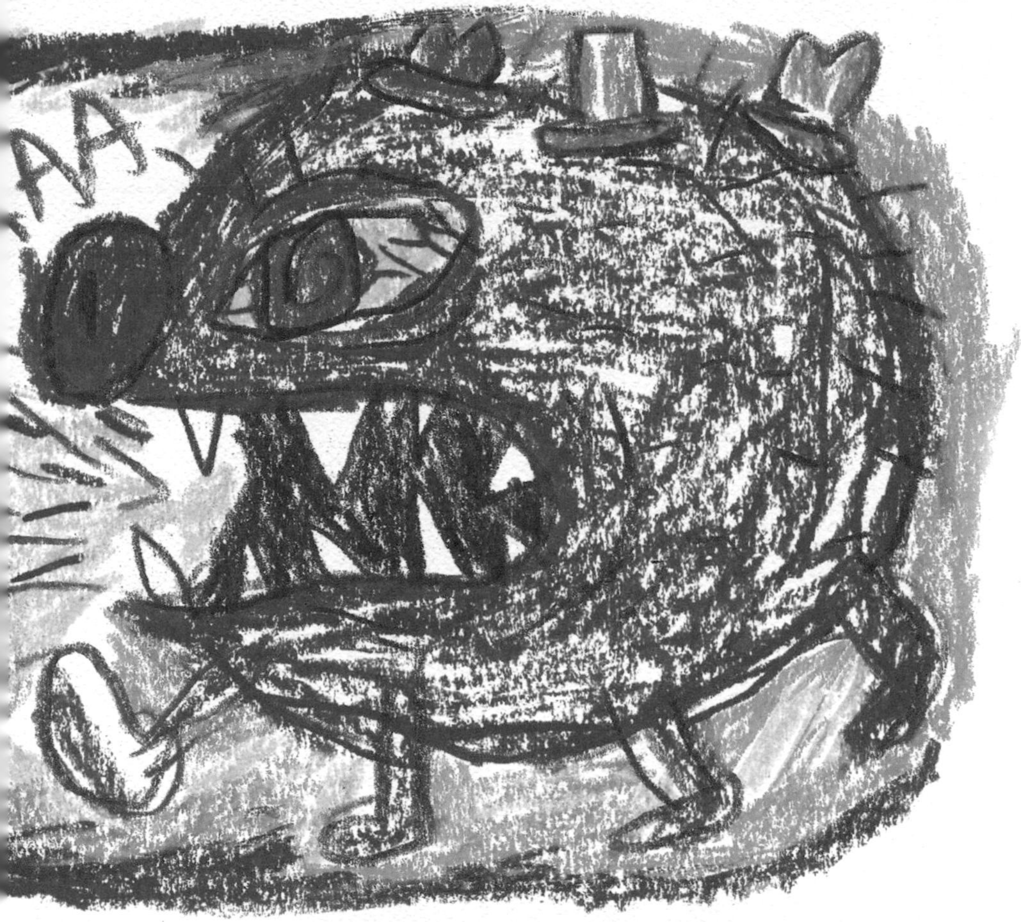
AA

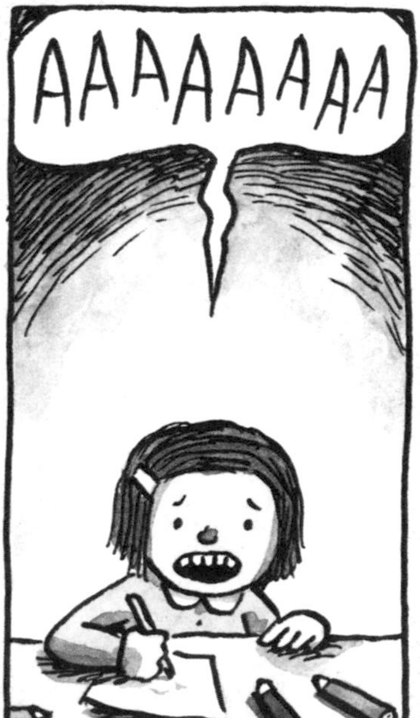
AAAAAAAA

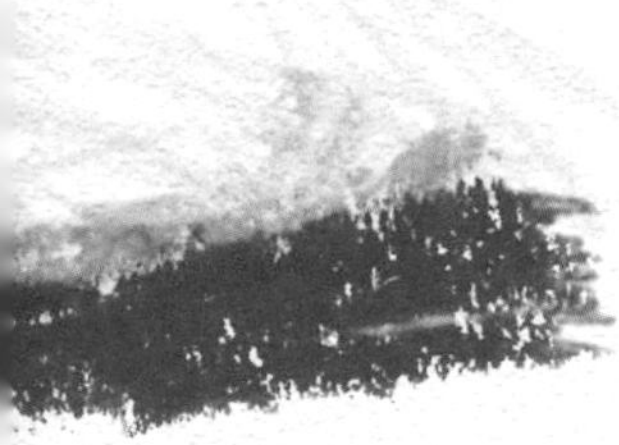

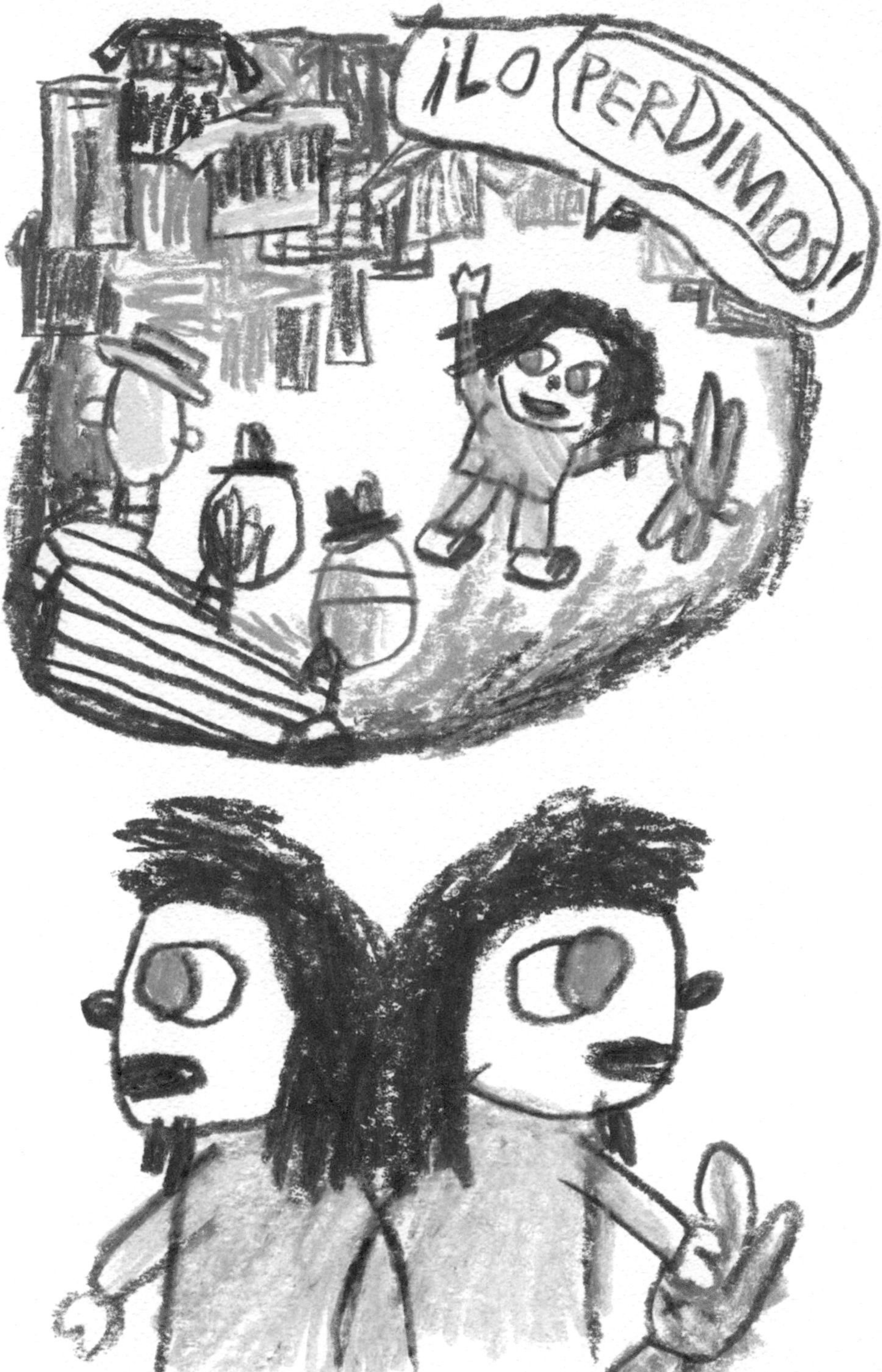
¡LO PERDIMOS!

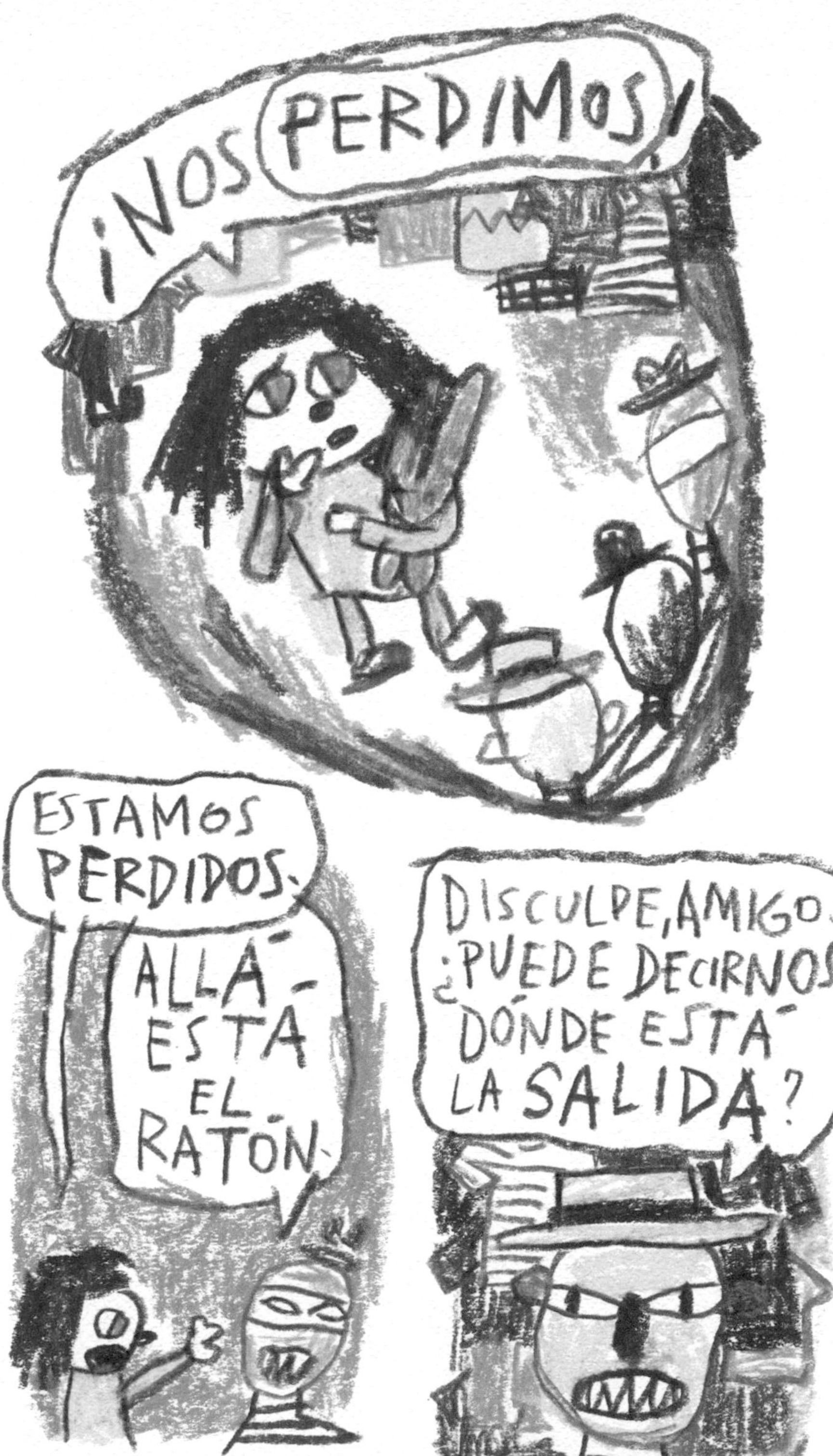
¡NOS PERDIMOS!
ESTAMOS PERDIDOS.
ALLÁ ESTÁ EL RATÓN.
DISCULPE, AMIGO. ¿PUEDE DECIRNOS DÓNDE ESTÁ LA SALIDA?

S8

59

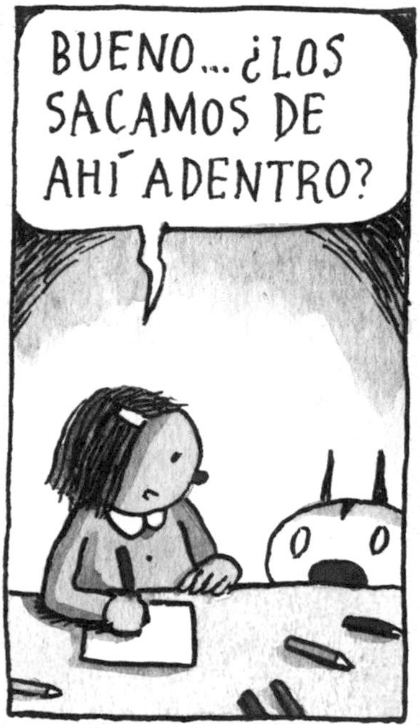
BUENO... ¿LOS SACAMOS DE AHÍ ADENTRO?

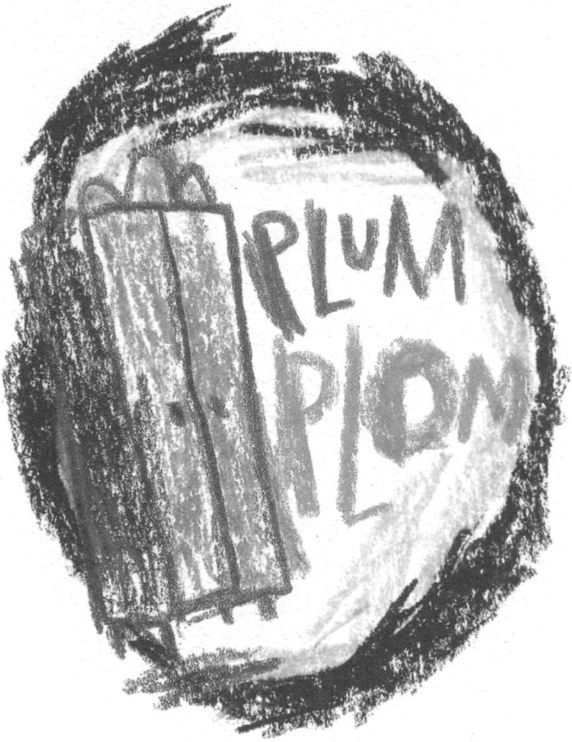
PLUM
PLOM

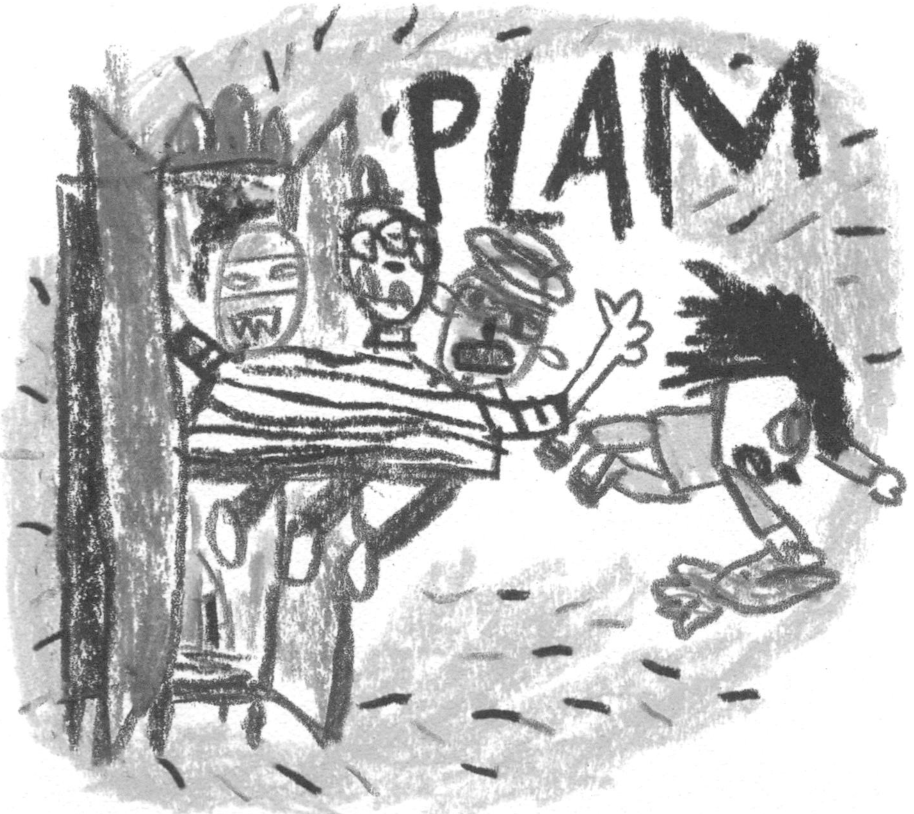
PLAM

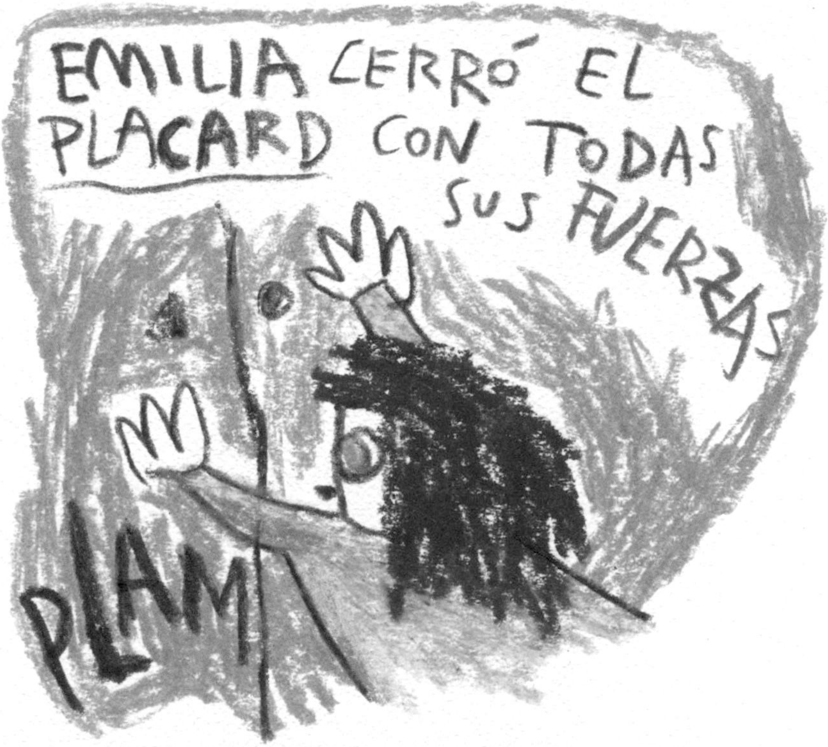
EMILIA CERRÓ EL PLACARD CON TODAS SUS FUERZAS
PLAM

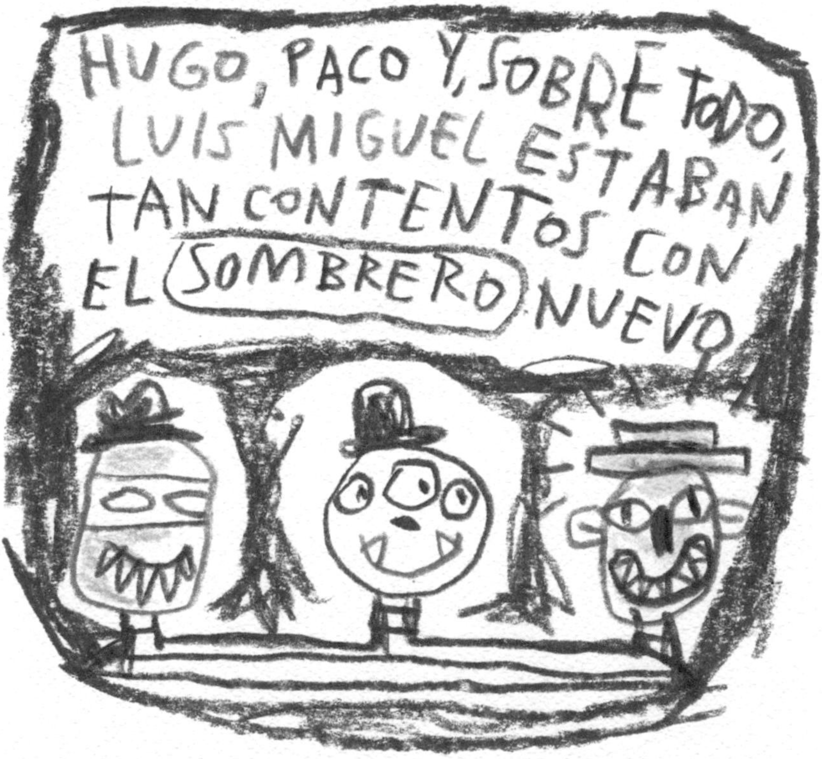
HUGO, PACO Y, SOBRE TODO, LUIS MIGUEL ESTABAN TAN CONTENTOS CON EL SOMBRERO NUEVO

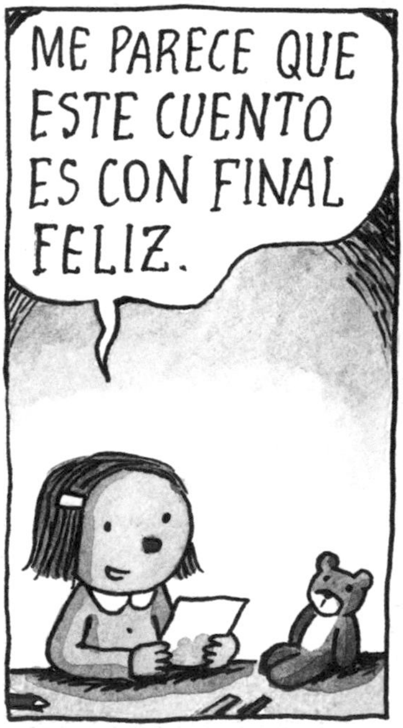
ME PARECE QUE ESTE CUENTO ES CON FINAL FELIZ.

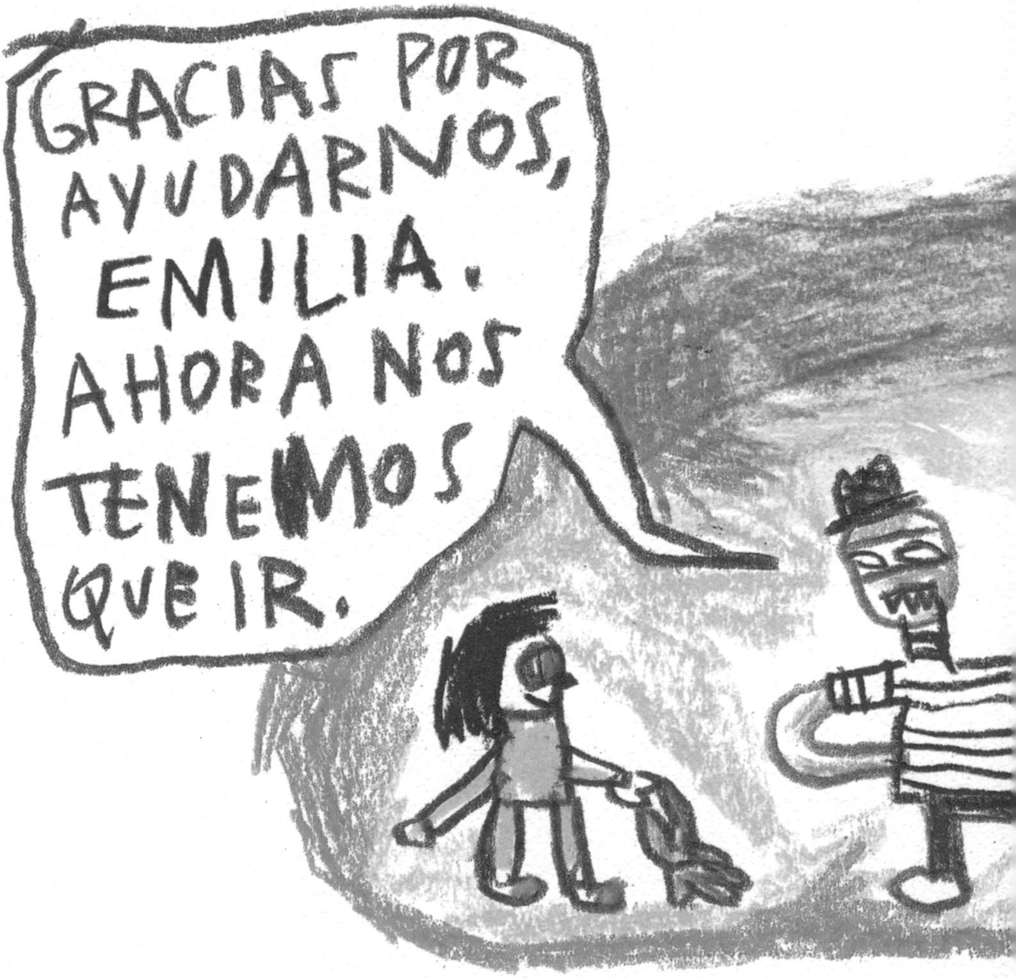
GRACIAS POR AYUDARNOS, EMILIA. AHORA NOS TENEMOS QUE IR.

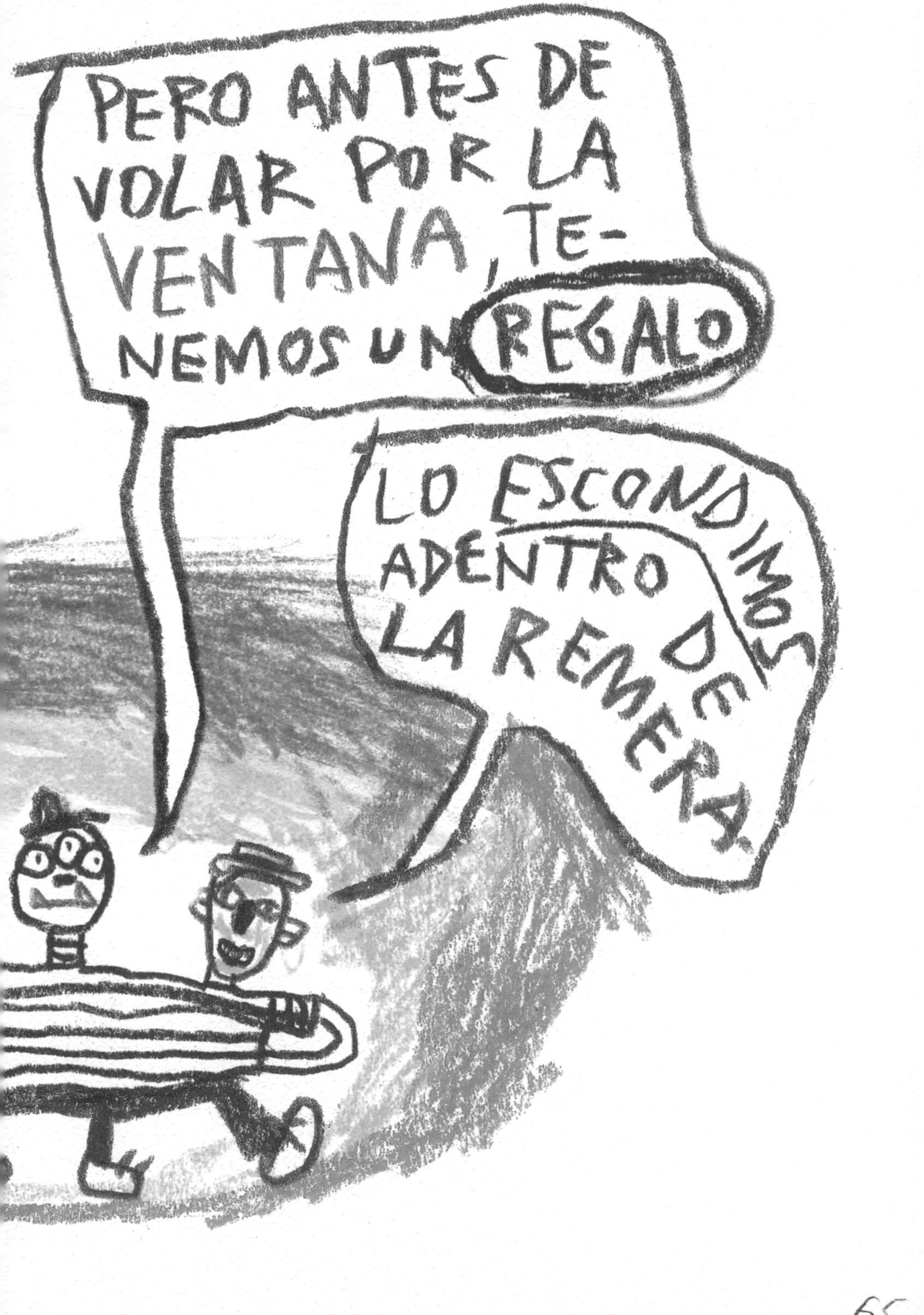
PERO ANTES DE VOLAR POR LA VENTANA, TE-NEMOS UN REGALO
LO ESCONDIMOS ADENTRO DE LA REMERA.

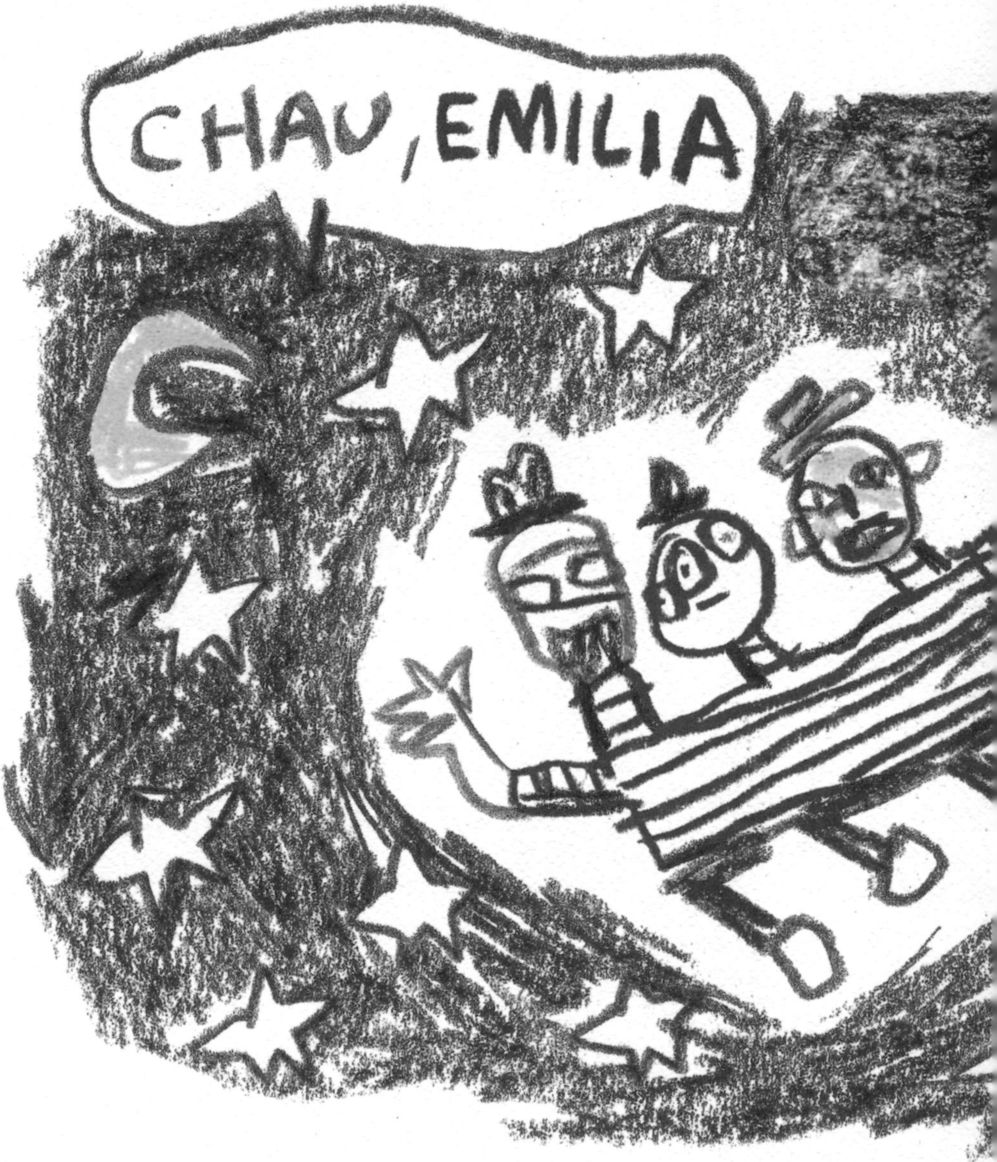
CHAU, EMILIA

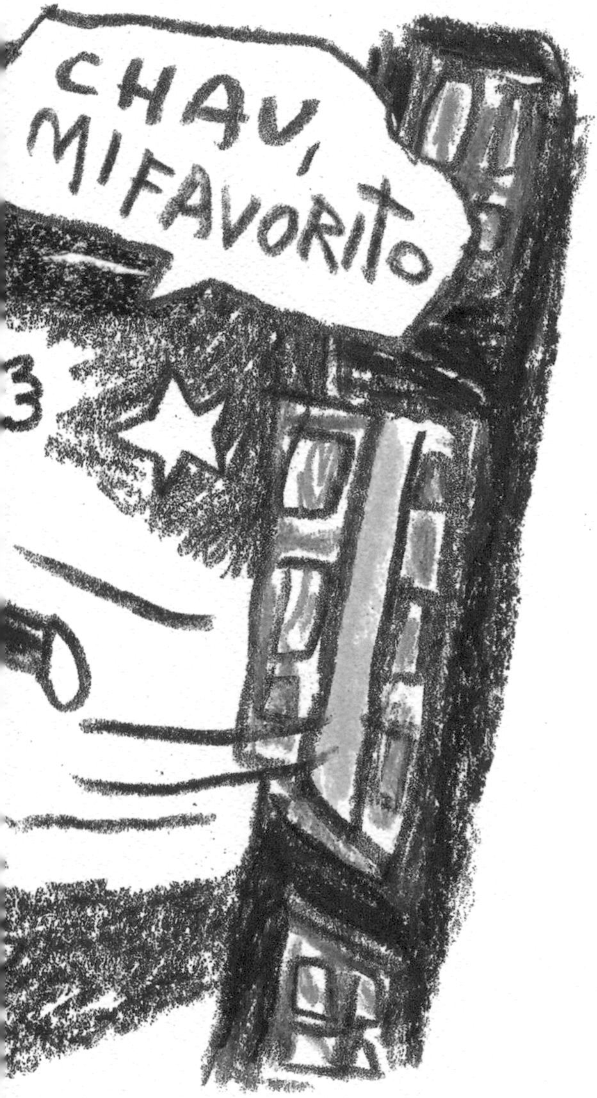
CHAU, MI FAVORITO

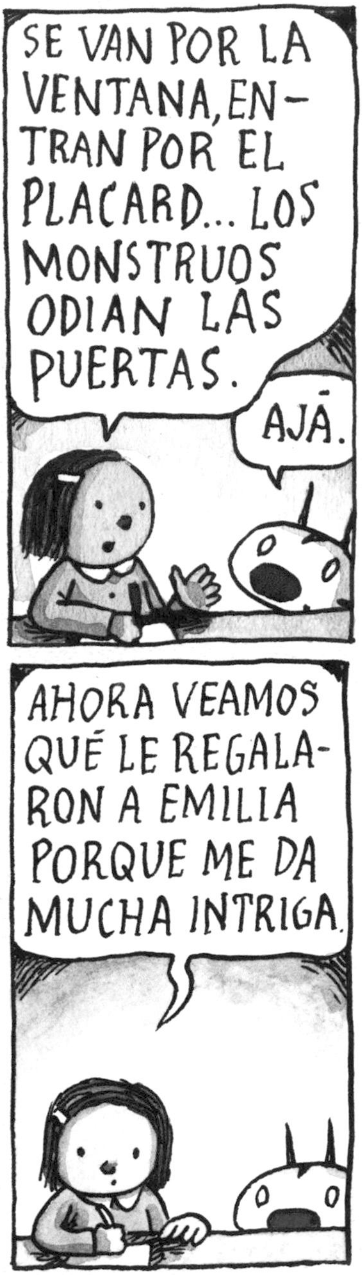
SE VAN POR LA VENTANA, ENTRAN POR EL PLACARD... LOS MONSTRUOS ODIAN LAS PUERTAS.
AJÁ.
AHORA VEAMOS QUÉ LE REGALARON A EMILIA PORQUE ME DA MUCHA INTRIGA.

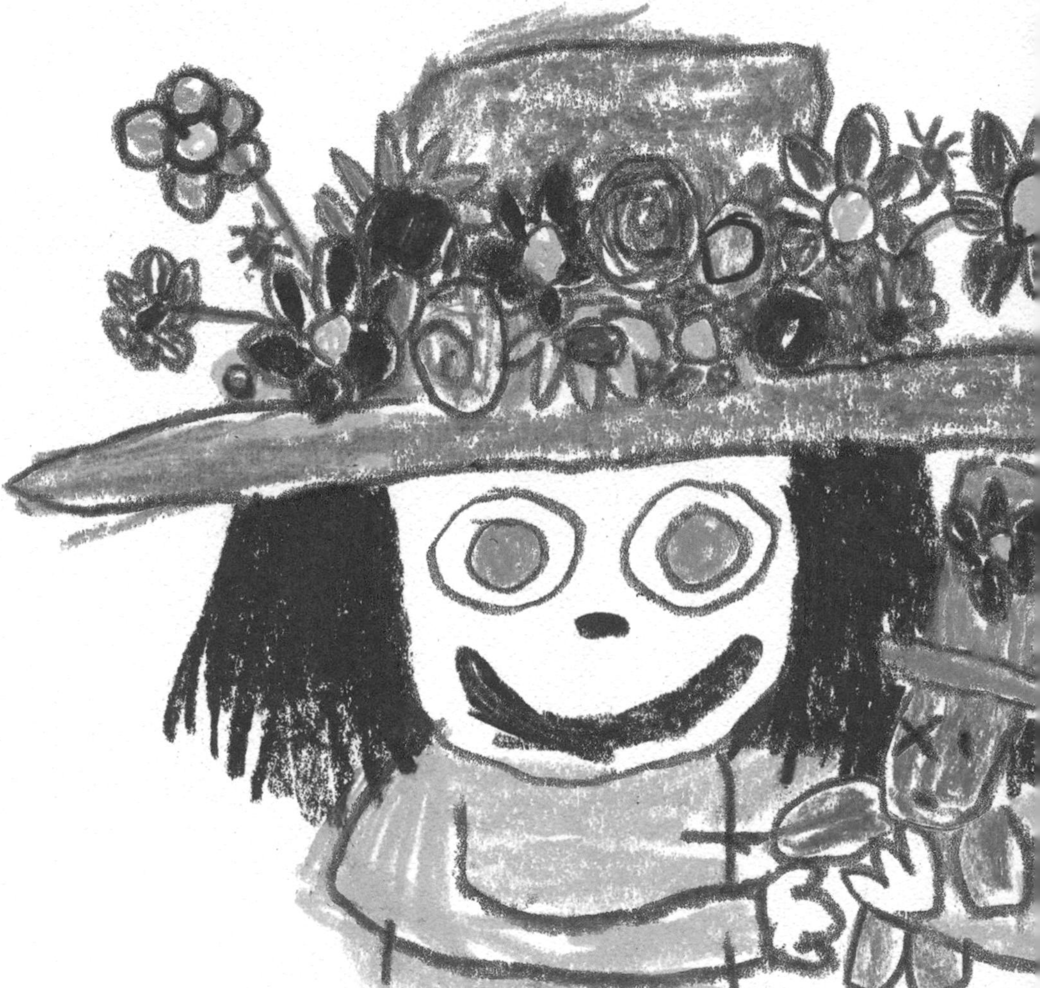

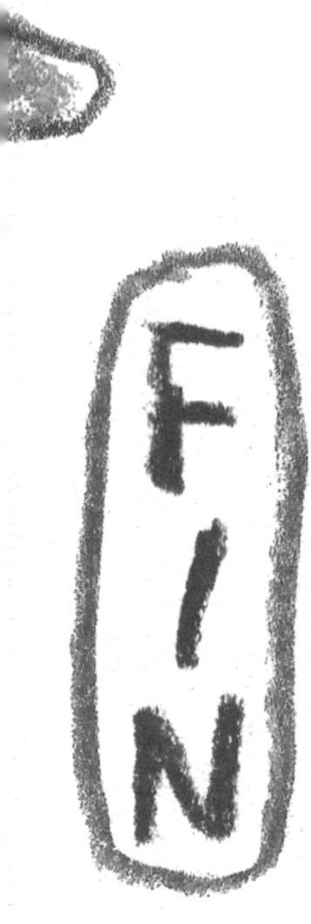
FIN

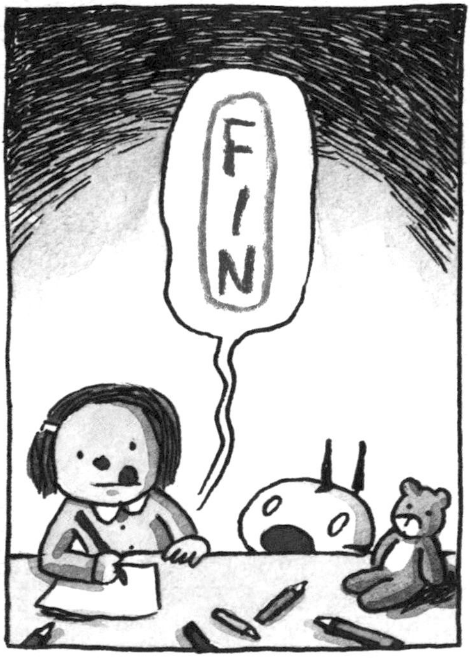
FIN

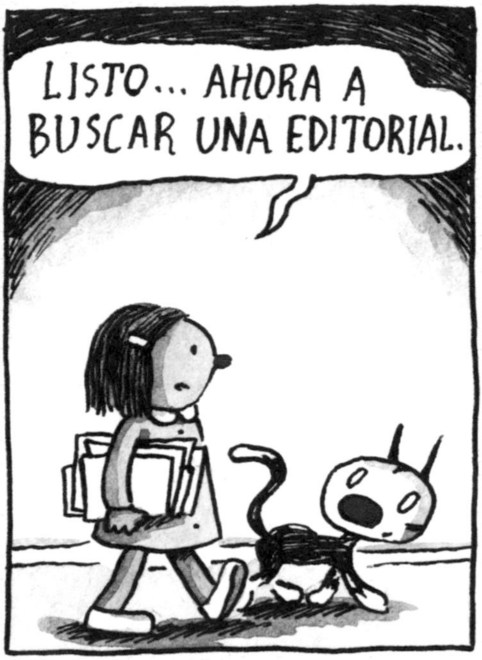
LISTO... AHORA A BUSCAR UNA EDITORIAL.

Primera edición: enero 2018

Diseño: Magdalena Okecki

Correcciones y adaptación de cubierta: Sergi Puyol

© EDITORIAL ANAGRAMA, S. A., 2018
   Pedró de la Creu, 58
   08034 Barcelona

ISBN: 978-84-339-0142-2
Depósito legal: B 28843-2017

Printed in Spain

Unigraf, S. L., av. Cámara de la Industria, 38 - Polígono Industrial Arroyomolinos
28938 Móstoles

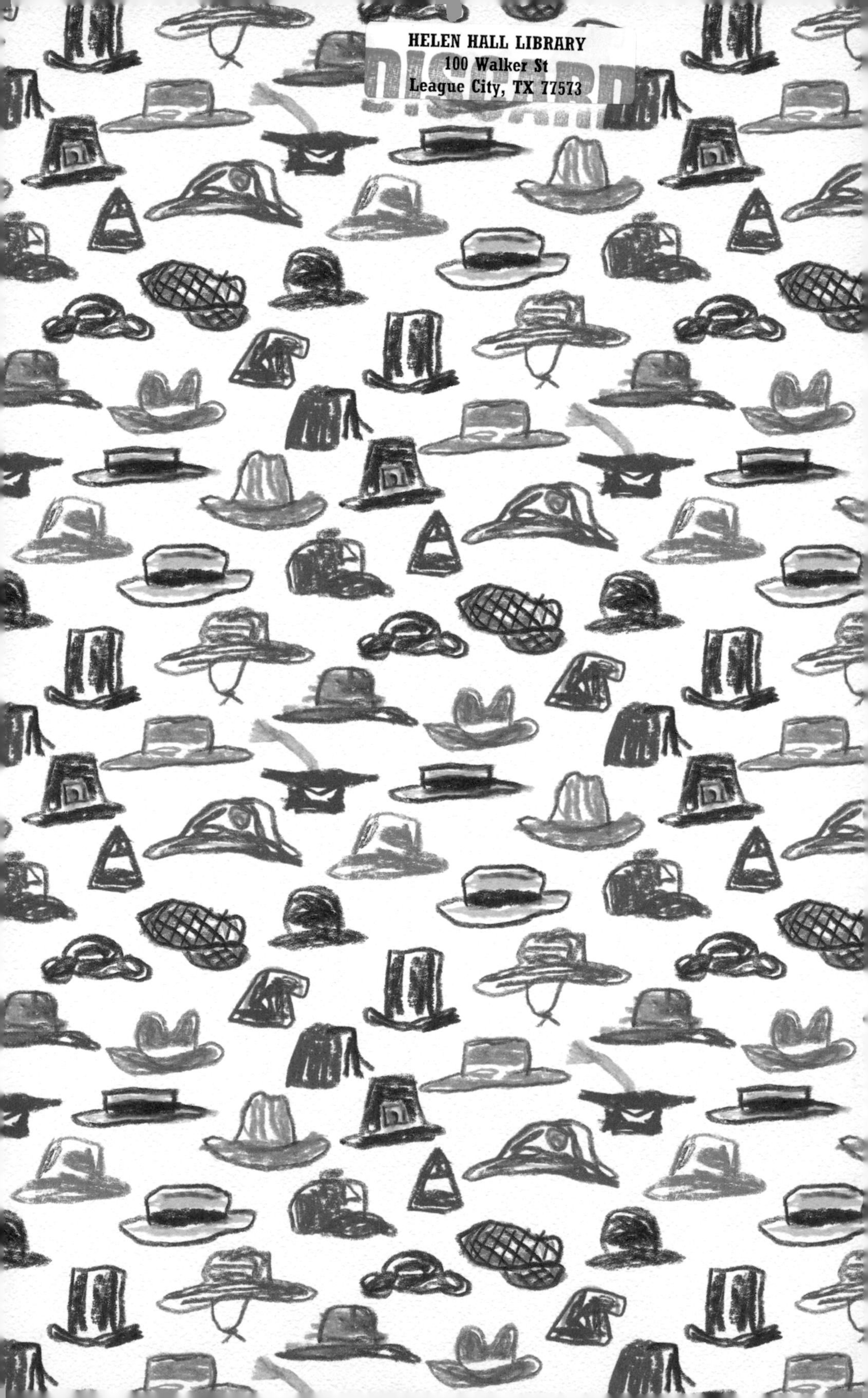